AF250165

PIERRE LOTI

DE L'ACADÉMIE FRANÇAISE

PROPOS D'EXIL

PARIS

CALMANN-LÉVY, ÉDITEURS

1928

PROPOS D'EXIL

Il a été tiré de cet ouvrage

DEUX MILLE EXEMPLAIRES SUR PAPIER VÉLIN DU MARAIS

tous numérotés.

Exemplaire du Dépôt Légal

PIERRE LOTI

DE L'ACADÉMIE FRANÇAISE

PROPOS D'EXIL

PARIS

CALMANN-LÉVY, ÉDITEURS

3, RUE AUBER, 3

—

1928

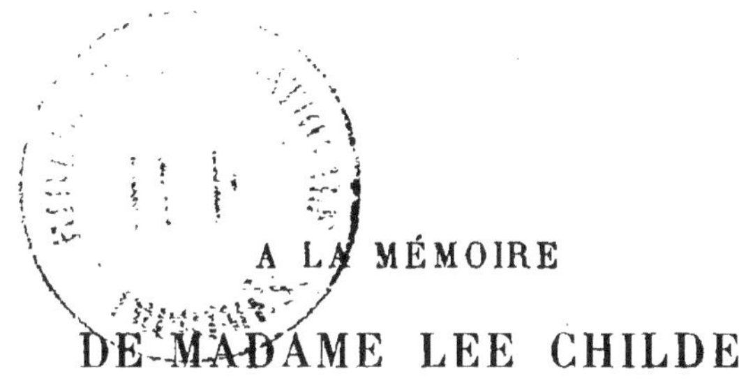

<h1 style="text-align:center">A LA MÉMOIRE</h1>

<h1 style="text-align:center">DE MADAME LEE CHILDE</h1>

NÉE BLANCHE DE TRIQUETI

Je dédie ceci à la mémoire d'une amie noble et exquise, dont je retrouve l'image inoubliable, étrangement vivante, chaque fois que j'ai le temps de penser.

Pour elle seule, ces notes avaient été écrites d'abord, dans les lointains pays Jaunes ; je les lui envoyais de là-bas ; entre nous deux, c'était comme une causerie pour la distraire — pendant les longs mois tristes où elle s'éteignait lentement, avec une figure sereine. De ces lettres, qui l'avaient amusée, est sorti ce livre aussi dépareillé que les jours de ma vie.

Depuis un peu plus d'une année, elle repose dans la terre ; c'est déjà bien tard sans doute pour venir parler d'elle, — même à ces gens choisis,

a

aristocratie de naissance ou de talent, dont elle était entourée comme d'une cour.

Je voudrais, moi, essayer de graver ses traits qui s'en vont, comme ceux de tous les morts, s'effaçant de toutes les mémoires. Les livres, même ceux qui s'oublient le plus vite, durent encore plus que les existences humaines; je voudrais fixer dans les feuillets de celui-ci quelque chose d'elle qui lui survive un peu.

Nous avions presque toujours été l'un pour l'autre des *amis lointains*, comme elle avait coutume de dire. Je vivais errant, par métier. Elle, chaque été, se retirait dans son château du Perthuis; et, l'hiver, s'en allait vers l'Afrique, chercher le soleil qui enrayait son mal. Nous nous rencontrions tout au plus quelques jours, entre de longs voyages.

Mais nos lettres, qui couraient le monde, nous portaient fidèlement, l'un à l'autre, nos pensées sur toute chose. Elle a même été mon conseil quelquefois, dans des moments de trouble, un conseil droit et ferme qui m'était précieux et que je suivais. Et je crains de ne pas trouver des mots assez pleins de respect pour parler d'elle, pour toucher à sa mémoire.

Son habitation parisienne était, aux Champs-Élysées, cette grande maison qui s'avance en

proue de navire entre le cours-la-Reine et le
jardin du palais de l'Industrie. C'est là en somme
que je l'ai vue le plus souvent ; c'est là que je la
revois le mieux, en souvenir, assise à sa place
favorite dans une sorte de petit sanctuaire qu'elle
s'était fait au fond d'un salon ovale du rez-de-
chaussée, à l'abri de hauts palmiers qui formaient,
à l'intérieur, comme une haie contre le trop
grand jour du dehors. Il y avait une suave odeur
d'Orient qu'on sentait dès l'entrée. Quand on
vous avait ouvert les premières portes, — par-
dessous des draperies relevées, dans le recul des
salons, au bout d'une sorte d'avenue de choses
rares assemblées avec son goût à elle, — on l'apercevait là-bas, dressant sa tête aux cheveux couleur
d'or roux, pour reconnaître quel personnage lui
arrivait ; puis, quand elle avait reconnu, retombant
dans sa pose un peu couchée, elle accueillait
le visiteur avec son sourire, aimable pour les
indifférents, — franc et doux pour ceux qu'elle
aimait voir venir.

Au physique, comment la peindre pour que cela
lui ressemble un peu ? — En elle, une distinc-
tion suprême, innée. Grande, svelte, droite et
ondoyante en même temps ; marchant comme les
reines qui rêvent, la taille cambrée et la tête penchée vers la terre. Le visage très petit, affiné étonnamment, pâli comme de la cire, creusé déjà,

ravagé à certaines heures par l'approche du mal mortel. Un profil aux lignes frêles, adoucies, aux lignes rares, jamais vues chez aucune autre. Et deux yeux qui semblaient *éclairer* — un mot dont on a souvent abusé pour beaucoup de femmes, mais qui, pour elle, était absolument juste; des yeux d'un bleu gris, ou plutôt d'une couleur aussi changeante que celle de la mer, leur teinte paraissant varier avec les sentiments qu'ils exprimaient. Des yeux qui se dilataient quelquefois comme pour regarder profond, profond, sonder les derniers replis de l'âme; qui pouvaient devenir durs comme de l'acier, à certains moments, quand ils désapprouvaient, quand ils n'aimaient pas; ou bien qui se faisaient infiniment bons, infiniment doux; — qui riaient aussi de temps en temps, du rire le plus fin, quand elle avait envie de dire, du bout des lèvres, un enfantillage, une moquerie atténuée et compatissante, une chose drôle et imprévue qu'aucun autre n'aurait trouvée... Et souvent aussi ces yeux gardaient, par lassitude, une indifférence absolue que beaucoup de gens prenaient pour du dédain et qui intimidait terriblement.

Un de ses amis, un académicien, je crois, lui avait dit un jour : « Je ferais votre portrait superficiel avec quatre adjectifs : orgueilleuse, élégante, indifférente, intelligente. » — Et comme

c'était bien elle à la surface ! — Ayant eu en tout
un idéal inaccessible, déçue pour avoir trop
regardé au fond des choses, ennuyée de la vie,
blasée sur les hommages, elle avait peu à peu
caché son âme sous ces apparences-là.

S'il fallait faire aussi avec quatre adjectifs son
portrait vrai, son portrait de dessous le masque
mondain, je dirais : « Droite, courageuse, noble,
exquise. »

Droite et franche comme bien peu de femmes
savent l'être ; ignorant absolument les mille petits
détours féminins, les agitations mièvres, les mes-
quines rancunes, vivant plus haut que tout cela ;
amie stable et sûre. Droite et honnête jusque
dans les premiers mouvements irréfléchis de sa
pensée. Ayant la parole un peu âpre et brève
quelquefois, quand elle conseillait, quand elle
blâmait, cherchant toujours à ramener ses amis
vers ce qui lui semblait bon et noble.

Courageuse autant qu'un homme de cœur.
Courageuse devant la mort prévue et prochaine,
luttant pied à pied contre la visiteuse noire, par
attachement à la vie, — mais sans une plainte,
sans une altération dans la sérénité du sourire.
« N'est-ce pas, m'écrivait-elle une fois, quelle
chose bête et inutile que la peur ! » — Courageuse
même devant les petites déceptions lassantes de
chaque jour.

Exquise, elle l'était en tout, dans son esprit, dans son langage, dans son aspect, — jusque dans les personnes et les objets dont elle s'entourait.

Attirée par tout ce qui est beau ou charmant dans le monde visible, elle aimait naturellement tous les raffinements de l'élégance ; — à propos d'une grande mondaine tombée brusquement dans la misère, elle me dit une fois cette phrase, qui peignait bien un côté d'elle-même : « Mon Dieu, on peut toujours se passer du nécessaire et du *convenu;* mais, son luxe qu'elle n'aura plus... pauvre femme!... »

Le *convenu*, les petites conventions et obligations sociales qui sont toute la vie et la raison d'être de certaines gens, elle était trop sensée pour ne pas s'y soumettre un peu; mais elle en demeurait, dans le fond, souverainement dédaigneuse.

Bien dédaigneuse aussi des idées modernes, des théories égalitaires, de tout ce que l'on désigne communément sous le nom de progrès; ayant le culte des grands passés ensevelis, le respect des souvenirs, des traditions, des religions.

Elle avait une extrême activité d'esprit, comme un besoin de comprendre ou au moins d'apercevoir, avant de mourir, tout l'ensemble des connaissances humaines. En relation avec des intelligences supérieures, les attirant par son charme grave, lisant tout ce qui se publiait de remarquable en Europe, elle vivait dans le courant intellectuel le plus élevé, celui qui passe seulement dans ces sphères où peu de femmes ont la possibilité d'atteindre.

Connaissant mon éloignement inné pour les choses imprimées, elle prenait soin de me souligner des passages, de me corner des feuillets qu'il fallait lire quand même, et alors, avec son aide, j'avais deviné en un moment tout le contenu d'un gros effrayant livre. Elle écrivait elle-même, d'un façon rare et charmante. Oh! ces lettres, qui, par chaque courrier de France, m'arrivaient fidèlement dans les pays d'exil, elles étaient une de mes joies, là-bas... Comme c'était joli, tout ce qui était dit par elle; profond et noble, réconfortant aux heures de défaillance, — ou simplement spirituel, de l'esprit le plus fin; et comme c'était de bon aloi toujours, honnête et sans tache.

Une fois, en s'amusant, elle avait écrit le récit d'un de ses voyages en Égypte; cela avait paru dans la *Revue des Deux Mondes* et ensuite en volume sous ce titre : *Un hiver au Caire.* Et, comme je m'indignais de ce qu'elle ne me l'avait pas envoyé — à bord de mon navire qui naviguait alors je ne sais où, — je reçus à mes reproches cette réponse : « C'était par une modestie bien naturelle ; j'attendais que vous me le demandiez. Ah ! si j'avais écrit un livre sur la cuisine, à la bonne heure, j'aurais été fière de vous le faire lire ! Mais de l'Orient ; de l'Orient, à vous, Loti, — vous présenter cela, — jamais ! »

Quand son esprit se reposait par hasard, c'étaient ses doigts qui devenaient actifs ; on la voyait, avec ses mains délicates, combiner des soies de couleurs rares, des fils d'argent et d'or, faire vite, vite, comme une fée, des broderies merveilleuses — dont elle avait relevé le dessin sur son bloc d'aquarelle au fond de quelque mosquée inaccessible, à Kaïrouan ou ailleurs. — (Dans un de ses récits de voyage, elle conte ses allées et venues à la Kasbah d'Alger pour arriver à se faire dévoiler les mystères de certain *point* de tapisserie arabe.) — Elle s'excusait, après, d'avoir fait ces ouvrages si jolis, comme d'une occupation enfantine, et disait en riant : « Dans une de mes incarnations précédentes, j'ai dû être une brave ouvrière bien laborieuse ; et cette manie de travail me sera restée au bout des doigts. »

Il lui semblait que, par cette activité constante, elle se soutenait d'une façon artificielle ; qu'elle réussissait à tromper son mal. Un jour, la voyant plus épuisée que de coutume : « Je vous

en supplie, lui disais-je, allez-vous-en à la campagne, au vent, au soleil, quelque part où vous ne
pourrez rien faire, rien lire, rien voir; je sens
très bien qu'ici vous vous tuez... » — Avec un
petit sourire très tranquille, elle me répondit :
« Si je ne me tuais pas ainsi chaque jour...
eh bien! mais, je serais déjà morte. » Alors elle
s'assit à son piano et joua une chose légère et
fiévreuse. Elle jouait comme un maître, — un
peu comme Rubinstein, qu'elle admirait, mais
avec son sentiment à elle; — cela la fatiguait
extrêmement, mais c'était délicieux à entendre...

Dans ma mémoire reste gravée la visite que je
lui fis, en mars 85, au moment de partir pour
rejoindre à Formose l'escadre de l'amiral Courbet.

J'étais allé à Paris pour lui dire adieu. Depuis
les premiers jours de l'hiver elle s'était couchée
et ne devait plus se relever. C'était le commencement de l'affreuse lutte finale contre la mort,
du long martyre. Elle resta là quinze mois, pro-
longeant sa vie à force d'énergique volonté,
calme, stoïque, admirable, ayant toujours pour
ceux qu'elle aimait sa bonne grâce et son sourire.

Quand j'entrai dans sa chambre, je vis, repo-
sant sur l'oreiller, dans l'ombre des rideaux qui
étaient d'une couleur bleu-nuit, sa tête fine aussi

correctement coiffée qu'un jour de réception; elle était habillée, avait ses bracelets et ses bagues, comme une personne qui ne veut pas du tout s'avouer vaincue, qui ne s'est couchée que pour une fatigue passagère. Mais sa figure était bien pâle et bien creuse. A genoux près de son lit, il y avait son amie, la duchesse de R***, qui lui tenait la main et y appuyait sa tête blonde. — Je reverrai longtemps le groupe de ces deux femmes...

Dans cette chambre, haute de plafond, claire, d'une simplicité raffinée, rien de triste, rien qui éveillât des idées de maladie ou de mort; beaucoup de fleurs, une chaleur douce habilement amenée. Par la fenêtre, donnant sur les arbres du cours-la-Reine, entrait le soleil d'hiver.

— Parlez tous les deux, nous dit-elle; — moi, on me l'a défendu... Je ferai des signes d'assentiment, avec mes mains, quand vous direz des choses remarquables...

Au moment de me retirer, quand je lui baisai la main, elle s'aperçut, sans doute, à je ne sais quoi d'involontaire dans mon expression, que j'étais ému tristement en lui disant adieu. Alors ses grands yeux interrogateurs regardèrent son amie, me regardèrent moi, comme pour nous demander à tous deux :

« Vraiment? est-ce que j'en suis là? Il pense donc qu'il peut ne pas me retrouver vivante l'an prochain, quand la guerre sera finie?... »

Elle se faisait illusion, cette courageuse, non sur la gravité mortelle de son mal, mais sur sa durée. Persuadée par des médecins habiles à tromper les malades, qui feignaient de lui parler très crûment avec des mots techniques, elle pensait qu'elle en aurait encore pour quatre ou cinq ans à voir les choses de la terre; qu'il lui resterait le temps de finir des réparations commencées à son château du Perthuis et d'en jouir pendant un ou deux étés; même de retourner en Égypte, au soleil réparateur, de revoir l'Orient et le désert.

Comme nous sortions de cette chambre, la duchesse me dit : « Vous ne la retrouverez plus, *cette sirène...* » Et j'ai retenu ce mot de *sirène;* — écrit, il ne va pas bien, il a quelque chose de païen et de malsonnant, de démodé peut-être aussi; mais là, dit par cette jeune femme dans le sens de *charmeuse* et dans l'acception la plus douce du mot *charmer*, il était le mot qui convenait; à ce moment il me sembla qu'aucune autre expression n'aurait pu mieux peindre cette mourante idéale, blême avec de grands yeux bleu-gris et des cheveux d'ondine, — et cette voix à peine saisissable, résonnant en dedans, musique éteinte, attirante, ayant déjà l'air de venir des lointains mystérieux d'en dessous...

... Pendant cette dernière campagne de Chine, ma crainte constante à été de ne plus la revoir. Ses lettres m'arrivaient toujours, mais plus courtes. Sa belle écriture, autrefois si ferme, était changée. Puis vinrent les petits billets au crayon, — qui s'espaçaient, qui sentaient l'effort, la lutte, qui faisaient mal.

Et, pendant le voyage de retour, pendant les longues semaines sans nouvelles de France à travers les mers bleues des Indes, sa pensée me poursuivit d'une manière plus douloureuse. A Port-Saïd, au consulat de France, je trouvai encore une de ces pauvres chères petites lettres crayonnées qui m'attendait au passage, — la dernière que j'aie reçue de sa main :

« Paris, 17 décembre 1885.

» Je vous reverrai donc, mon cher ami. Que de fois, depuis trois mois que j'ai eu les plus graves rechutes, vous ai-je dit adieu par la pensée. J'ai été si mal.

» Mais je vais *un peu* mieux : je ne crois pas en revenir, mais je crois vivre et *traîner* maintenant quelques mois — et vous venez! Vous me rapporterez, qui sait, peut-être un peu de santé, de soleil, dans votre valise — en tout cas vous me rapporterez de l'affection dans votre cœur, et, si vous saviez comme cela me touche, comme j'y ai pensé les jours noirs, les jours de trop grande souffrance, — car j'ai horriblement souffert. Depuis quatre mois, je n'ai pas quitté mon lit, et la vie s'est toujours rétrécie autour de moi.

» Votre mère compte que vous serez ici en février. Pourrez-vous me lire? Je me donne bien de la peine pour y arriver, mais je suis si faible... »

Enfin j'arrivai en France; je télégraphiai à Paris et, deux heures après, je la savais encore vivante, contre l'attente des médecins, continuant même d'aller mieux. Le désarmement de mon bateau devait me retenir un mois à Toulon, et je me tranquillisai avec ce *mieux* trompeur qui était le mieux de la fin...

Mais, un jour, une lettre m'arriva, une lettre qu'elle avait prié son mari de m'écrire de sa part : elle était beaucoup plus mal tout à coup, les médecins craignaient qu'elle ne passât pas la semaine, — peut-être pas la journée suivante... Alors, par dépêche, je leur répondis à tous deux que je venais...

Et c'était le soir, l'express pour Paris était

parti, il fallait attendre au lendemain pour me mettre en route. Je m'enfermai seul — dans un de ces gîtes de hasard que nous louons à l'arrivée pour l'encombrer de caisses et de désordre — et là ma soirée fut sombre. Comment n'étais-je pas parti dès les premiers jours, au lieu de me rassurer ainsi... *Peut-être pas même la journée de demain* — et les heures de la nuit se traînaient lentement; il me semblait que c'était sa propre veillée funèbre que je faisais là seul, dans ce logis froid...

Quand je me présentai à sa porte, le surlendemain, je compris qu'elle était encore vivante : la maison, au dehors, avait conservé son aspect habituel.

J'appréhendais de la voir, et ce fut une surprise de la retrouver ainsi : changée, elle l'était à peine. — D'ailleurs, à mon départ, je l'avais déjà vue étrangement amaigrie, immatérielle, si l'on peut dire. — Toujours habillée, coiffée, entourée de bouquets, exquise jusqu'à la fin, voulant accueillir la visiteuse terrible en grande dame qui n'a ni défaillance ni peur. Depuis quelques jours, on la conservait d'une manière presque artificielle, — à force de morphine qui arrêtait tout, la vie comme la mort. Cela se voyait en regardant bien; ses traits, d'une lividité transparente, étaient rigides, immobilisés; à part les yeux, on eût dit déjà une morte, une morte jolie et parée.

Mais ses yeux vivaient d'une vie intense, doux, profonds, célestes, agrandis. Enfin c'était elle encore, bien elle, que je retrouvais. Dans le corps épuisé, n'ayant presque plus de mouvement ni de souffle, on avait réussi à retenir cette chose indéfinissable — qui est l'âme, l'intelligence claire... Et elle me dit : « Je remercie Dieu de m'avoir permis de vous revoir. »

Il y eut un long silence entre nous, pendant lequel je promenais mes yeux alentour, comme très intéressé par les choses qui étaient là, de peur d'avoir envie de pleurer. Toujours rien, dans cette chambre élégante, qui parlât de mort. Dans son lit, un peu au-dessus d'elle, à portée de sa main, des étagères de laque sur lesquelles étaient rangés différents petits souvenirs, portraits, objets précieux qu'elle aimait particulièrement, un vase avec des roses, un ou deux volumes préférés — et le livre incomparable, l'Évangile.

D'abord nous causions de la vie et de la mort, — elle, parlant déjà comme une illuminée, comme une voyante qui serait *au delà*. Sa voix, tout juste perceptible dans ce silence, entrecoupée, haletante, restait douce quand même et je l'écoutais comme une voix qui n'aurait plus été de la terre. J'étais impressionné d'une manière nouvelle et inconnue par cet entretien suprême avec une intelligence si claire, si calme, si *présente* et déjà si *loin*, ayant presque atteint les régions mystérieuses d'après la mort.

Elle paraissait préoccupée surtout d'éviter à ceux qui restaient les scènes pénibles des adieux, des agonies ; courageuse plus que jamais, ne voulant même pas avoir l'air de souffrir.

Courageuse, je trouvais presque maintenant qu'elle l'était trop, qu'elle dépassait la mesure humaine. Un peu d'épanchement, un peu de détente, des larmes, lui auraient mieux valu, il me le semblait. Mais elle ne le voulait pas ; considérant toute manifestation extérieure d'émotion comme une défaillance ; excessive en cela, exagérant cette idée à l'heure de la mort, elle se raidissait pour demeurer stoïque.

Alors, pour me soumettre, pour ne pas la fatiguer, je ramenai peu à peu notre causerie à un ton plus habituel. Nous nous parlions comme deux amis qui ont mille choses à se dire, ne s'étant pas vus depuis longtemps et étant sur le point de se quitter pour plus longtemps encore, — l'un d'eux devant partir pour un pays où les lettres n'arrivent plus. Elle s'informait de tout ce que j'allais faire, de tous mes projets pour plus tard, pour l'avenir... Nous en venions même à causer de voyages, de nouvelles, de gens quelconques. Et, deux ou trois fois, le sourire fin des anciens jours reparut sur ses lèvres, elle retrouva cette espèce d'ironie extra-spirituelle dont elle avait le secret, et qui était sans amertume, mitigée de compassion. Et même on put l'entendre rire encore...

Je savais bien que ses derniers moments à elle ne pouvaient pas ressembler à ceux d'une autre, mais ceci me confondait. Elle m'intimidait. Je l'aimais peut-être moins, mais je me sentais pris d'une admiration, d'une crainte religieuse pour cette créature d'élite, qui était femme pourtant, et qui s'en allait à l'inconnu final avec ce stoïcisme et cette sérénité inaltérables...

On m'avait donné deux jours à passer à Paris pour ce suprême adieu. Quand je pris congé d'elle, à la tombée de la nuit, elle me dit : — « Demain, revenez à n'importe quelle heure, plutôt le matin que le soir, *ce sera plus sûr*... Je vous recevrai encore une fois... si je suis là... » En même temps son geste et son regard exprimaient combien elle jugeait sa *présence* incertaine pour ce lendemain. Et puis ses yeux se voilèrent malgré elle, prirent une douceur si affectueuse, une tristesse si humaine, que j'embrassai sa main avec une vraie tendresse de frère, — sa pauvre main amaigrie et presque desséchée,

c

d'où les belles bagues tombaient, devenues trop
larges...

Je revins le lendemain en songeant, le cœur
serré, que c'était la dernière des dernières fois.
La chambre avait son aspect ordinaire, ses fleurs,
sa tranquillité, mais la mort avait travaillé terriblement pendant la nuit. Ce n'était plus elle. Ses
yeux, trop agrandis par la morphine dont on
avait augmenté la dose pour la calmer, fixaient
je ne sais quoi dans le vide avec une expression
d'égarement; elle était agitée, divaguant un peu,
— bien vaincue cette fois, hélas!

Elle avait, le matin, fait couper tous ses
cheveux par sa femme de chambre, prétendant
qu'ils lui donnaient chaud, qu'ils lui faisaient
mal à la tête, qu'ils l'exaspéraient. Elle s'excusait
beaucoup de se montrer ainsi, ne se trouvant
plus correcte; cependant elle avait l'air d'une
reine agonisante, la tête couverte d'une sorte
de mantille en dentelle blanche qui emprisonnait
ses cheveux courts.

Non, ce n'était plus elle. Des projets de voyage
pour l'été l'occupaient beaucoup. Puis elle parlait de nombreuses visites qu'elle avait reçues
dans la matinée et, chose très étrange, ces visi-
teurs et ces visiteuses qu'elle citait comme étant

venus là étaient, sans exception, *des personnes mortes*.

Quand l'heure de partir arriva, nous nous dîmes au revoir, au printemps, comme deux amis très sûrs de se retrouver bientôt. Et, avant de sortir de sa chambre, je me retournai pour voir ce visage une dernière fois. En m'en allant, je jetai aussi un regard aux salons où j'avais passé des heures de causerie inoubliables, à toutes les choses arrangées par elle, à toute cette demeure dont elle avait été l'âme charmante et où restait encore l'odeur d'Orient qu'elle y avait mise.

Elle vécut encore près de six jours après mon départ. Un matin, à Toulon, je reçus cette dépêche : « Tout est fini ! » Le lendemain, *le Figaro*, et d'autres journaux après lui, disaient : « Une des femmes les plus remarquables de Paris, madame Blanche Lee Childe vient de succomber, etc., etc. » On me montra cela, et je le lus avec un cœur sec, comme s'il s'était agi d'une autre que d'elle-même.

Un peu plus tard, je suis allé voir sa tombe, les fleurs fraîches jetées sur les pierres par celui qui moins que moi peut l'oublier ; — je ne suis pas arrivé non plus à me persuader qu'elle habitait

là, couchée, que son regard clair était éteint là-
dessous.

Nous étions accoutumés à ne nous voir presque
jamais et à être quand même en constante communion intellectuelle. Il me semble toujours que
cette communion n'a pas cessé. Très souvent je
songe en moi-même : Je lui dirai ceci ou cela; je
la consulterai à ce propos. Et je m'attends à voir
paraître, sur quelqu'une des enveloppes que me
remet la poste, sa grande écriture élégante...

PIERRE LOTI.

PROPOS D'EXIL

I

CORVÉE MATINALE

24 août 1883.

C'est de grand matin, en Annam, dans une baie de côte. — Notre bâtiment est mouillé au large. — Mon tour de corvée m'appelle à me rendre dans une petite ville qui doit être là quelque part et qui se nomme Tourane.

Il s'agit d'y prendre le chef mandarin et de l'amener à bord faire sa visite de soumission, afin que des relations amicales puissent s'établir ensuite entre nous et cette province qu'on nous a donnée à garder.

La baie est belle et vaste. Elle est entourée de très hautes montagnes sombres, excepté au fond, où il n'y a qu'une bande de sable toute plate, — comme un morceau d'un autre pays qu'on aurait mis là, faute de mieux, pour finir.

Et c'est dans ce fond, paraît-il, dans cette plaine, que nous devons trouver Tourane, au bord d'une rivière dont nous ne voyons pas encore l'entrée.

Six gabiers, qu'on m'a laissé choisir, m'accompagnent dans cette entreprise. Vrais matelots, de bonne race et puis très bien armés : de quoi imposer à toute une ville d'Asie.

Il fait petit jour. Nous partons en baleinière.

Aucun de nous n'a jamais vu Tourane, et c'est amusant d'aller ainsi, au réveil, faire la loi dans cet inconnu.

Les montagnes ont accroché avec leurs cimes des nuages qui leur font des dômes sombres; de lourdes masses d'obscurité sont amoncelées tout en haut sur nos têtes.

Au contraire, là-bas, au-dessus de cette bande de terres basses, où nous allons, il y a le vide lumineux et profond du ciel. Il y a aussi une chose disparate qui se dessine en silhouette, c'est la « Montagne-de-Marbre », qui ne ressemble à aucune autre; sa forme est à part, et elle se dresse au loin, seule dans la plaine. Très intense de couleur, elle fait, au milieu de ces sables, un effet de chose anormale : ruine trop grande ou montagne trop baroque? On ne sait lequel des deux. Elle est le point qu'on regarde, la note extraordinaire, la chinoiserie du paysage.

Au bout d'une heure de route, la terre s'est naturellement beaucoup rapprochée. Elle laisse voir des détails qui sont banals au premier abord : une série de dunes basses, régulières, avec des arbres comme les nôtres. On distingue maintenant l'endroit où s'ouvre la rivière, une *passe* entre deux pointes sablonneuses, avec une maisonnette à l'entrée.

Cela prend un air des côtes basses du golfe de Gascogne, de la Saintonge par exemple, et, à distance, on peut très bien se figurer arriver dans quelque petit port du pays de France. — De temps en temps, on aime se faire cette illusion-là quand on la trouve sur son passage.

Mais la maison de tout à l'heure, en se rapprochant encore, se fait étrange, grimaçante ; son toit à lignes courbes se hérisse de toute sorte de vilaines diableries, il a des cornes, des griffes et porte en son milieu la grande fleur de lotus des pagodes... Ah !... c'est Bouddha !... c'est l'extrême Asie !... Alors la notion de l'exil et de l'énorme distance nous revient tout à coup, à nous qui l'avions perdue.

Autour de la vieille pagode silencieuse, des aloès de couleur pâle dressent partout leurs piquants, comme des plantes méchantes. Il y a des brûle-parfums posés çà et là sur des petits bancs caducs, qui sont des autels bouddhiques. Un pan de mur carré est placé en avant, tout au bord de l'eau, comme un écran, pour masquer le chemin du sanctuaire; il porte le bas-relief colorié d'une bête de rêve, contournée, griffue, nous montrant ses crocs dans un rictus féroce; sur sa frise, une longue chauve-souris affreuse applique ses ailes de pierre et nous tire une langue peinte en rouge. Par terre, une tortue de faïence dresse la tête et nous regarde; d'autres tout petits monstres apparaissent aussi, immobiles, dans des postures de guet, ramassés sur eux-mêmes comme qui va bondir. — Tout ce monde est vieux, mangé par le temps, par la poussière, mais très vivant d'attitude et d'expression malfaisante, ayant l'air de dire : « Nous sommes des Esprits qui gardons depuis fort longtemps cette entrée de fleuve et nous jetons les mauvais sorts à ceux qui passent... »

Nous entrons tout de même, cela va sans dire. D'ailleurs, personne nulle part. Un grand silence et un air d'abandon.

Voici un monceau de canons (obusiers français de 30, faciles à reconnaître, de ceux sans doute que les traités de 1874 cédèrent au roi Tu-Duc). Ils sont là chavirés, inutilisés dans le sable, sous des abris de chaume. Il y a aussi un amas d'ancres et de chaînes de fer, semblant indiquer une intention qu'on aurait eue de nous barrer la rivière.

Un très grand fort bastionné vient après; ses embrasures de terre sont envahies par les herbes, les ananas sauvages, les cactus. Au bout d'une perche, un monstre en bois doré porte dans sa gueule un pavillon d'Annam qui pend sans flotter dans l'air inerte et chaud. Le soleil à peine levé, est déjà brûlant.

Toujours personne. Il est trop matin sans doute, et les gens dorment encore.

Pourtant si, — une sentinelle qui veille! — C'est un de mes gabiers qui, en regardant en l'air, aperçoit cet homme au-dessus de notre tête dans une espèce de mirador monté sur quatre pieds de bois, — comme ces loges à guetteurs qui sont dans les steppes cosaques. Il est accroupi là-haut dans sa petite niche, à côté d'un tam-tam énorme, instrument d'alarme. Tout déguenillé, il ressemble à une mauvaise vieille femme, avec sa robe et son chignon.

Il nous regarde passer en conservant l'immobilité d'un bonze, tournant les yeux seulement sans bouger la tête.

La rivière s'ouvre devant nous, assez droite, assez large. Plusieurs jonques à proue relevée, à longues antennes, sont amarrées là-bas sur les deux rives, et, encore un peu dans le lointain, Tourane apparaît : des cases à toit de tuiles ou à toit de chaume, éparpillées au hasard dans les arbres; des enseignes chinoises au bout de hampes, des touffes de bambous, des miradors, des pagodes. Tout cela nous semble petit et misérable; il est vrai, cela se prolonge beaucoup dans les verdures du fond; mais, c'est égal, nous attendions une ville plus grande.

Quelqu'un qui s'évente sur la berge nous fait de la main des signes très engageants pour nous inviter à venir.

Qui nous appelle, avec ce geste gracieux d'éventail? Un homme ou une femme? Dans ce pays-ci, on ne sait jamais : même costume, même chignon, même laideur...

Mais non! c'est *monsieur Hoé*, personnage de genre ambigu, qui doit par la suite jouer un rôle important dans nos relations diplomatiques avec Tourane : une soutane de prêtre, une figure de singe, le nœud du chignon très haut, et coiffé en mouchoir par là-dessus, comme un vieux pour se mettre au lit. Il fait *tchintchinn* et la révérence; Il dit : « Bonjour, Messieurs! » en français, avec un air de s'offrir comme guide. Alors je lance ma baleinière sur le sable, et nous touchons la rive.

« Monsieur, monsieur Hoé, ancien élève du collège d'Adran, interprète officiel de Sa Majesté

Tu-Duc », tels sont les titres qu'il décline après sept nouvelles révérences (une pour chacun de nous). Il nous tend sa main de mauvais petit drôle, qui est couverte de verrues, avec des ongles de lettré chinois à n'en plus finir, et le voilà assis à mon côté.

Le mandarin, paraît-il, demeure là-bas, tout au fond, et nous continuons notre route dans la rivière.

Il y a, sur le sable que nous longeons, des guirlandes de grands liserons roses, et des tapis de ces fleurs de serre, — roses également, — qu'on appelle en France *pervenches du Cap*.

Les feuillages ont partout de ces nuances claires, éclatantes, que les Chinois aiment à peindre. Des daturas, des cactus; des arbustes, un peu rabougris, mais d'une extrême fraîcheur; des cocotiers, plantés çà et là comme des plumeaux verts; des bambous frêles, plus hauts que des arbres, et gardant leurs délicatesses de graminées, se penchant, retombant avec des légèretés de folle avoine.

Au milieu de cette verdure, assez jolie en somme, les maisons paraissent plus sordides, les hommes plus laids; — les hommes à chignon et à soutane qui commencent à se montrer, à courir pour nous voir.

Les abords de Tourane s'animent. De vilains

chiens maigres jappent après nous. Des porcs noirs, à la mine très éveillée, détalent ventre à terre, poursuivis par un troupeau de petits bœufs rouges, bossus comme des bisons. Des buffles énormes, à tournure d'hippopotame, se vautrent dans les hauts herbages; ils baissent tout au ras de la terre leurs naseaux humides, leurs cornes formidables, et nous flairent, nous *reniflent*, en arrêt, prêts à nous fondre sus.

Voici maintenant une sorte de faubourg, des huttes en chaume tout au bord de la berge.

Des dames jaunes, d'une grande laideur, en sortent et s'avancent, les pieds jusque dans l'eau, pour mieux nous regarder passer. Elles sont en toilette du matin. Elles tordent de superbes chevelures noires, rudes comme des queues de cheval, et affectent de les nouer devant nous en chignons négligés. Elles mâchent des feuilles de bétel et de la noix d'arek; elles nous montrent, par de petits bâillements étudiés, des râteliers de longues dents saillantes, d'un noir d'ébène (une couleur qui est de mode en Annam pour la denture des personnes coquettes et s'obtient par l'application artificielle d'une couche de laque).

Les hétaïres de Tourane, évidemment!... Ces stigmates sur le visage, ces sourires d'appel, nous reconnaissons cela tout de suite; car, dans tous les pays du monde, c'est la même chose.

M. Hoé, questionné aussitôt, répond, en baissant les yeux, qu'en effet c'est le quartier. Il les désigne gravement par un terme familier à Brantôme, mais qui, dans sa bouche, était inattendu et fait rire les gabiers. Et il insiste sur la chose encore, les yeux toujours mi-clos et pudiques : « Oui, Monsieur, en vérité, ça en est; — oui, Monsieur, bien réellement elles en sont. »

Cependant 312, gabier de misaine, les tutoyant toutes en bloc dans un excès de familiarité, exprime ainsi son impression, — en sourdine, — entre ses dents à lui, qui sont très blanches :

— Tu fais ta gentille, les singesses, tu fais ta belle... Oh! si je serais un macaque, alors oui, peut-être, je ne dis pas... Mais comme ça, non, les singesses! oh! non, sûr que non.

Parmi ces arbustes si verts de la rive, les uns portent des touffes de fleurs blanches, d'un blanc d'ivoire, d'un aspect laiteux de tubéreuse; d'autres sont couverts de bouquets rouges, couleur de flamme ardente, avec des pistils très longs s'élançant en gerbes. C'est comme des petits feux d'artifice chinois qui éclateraient çà et là dans la verdure.

Il y a de grands papillons, de grandes mouches extraordinaires qui se promènent sur ces fleurs; — beaucoup de papillons tout noirs, volant de travers par soubresauts fantasques, comme incapables de diriger leurs ailes trop pesantes, qui semblent être en velours.

Et ce pays sent le musc, comme toute cette extrême Asie. — A mesure qu'on s'enfonce dans les terres, on la perçoit plus fort, cette lourde odeur musquée, avec toutes ces exhalaisons de plantes et de fumiers humains chauffés au soleil torride.

Nous passons maintenant devant les jonques à proue relevée. Elles ont chacune deux yeux peints, et leur avant imite la tête d'un poisson. Toute la population des pêcheurs est là, faisant à bord des cuisines puantes de riz et de coquillages, sur des petits fourneaux en terre. Des enfants nus, jaunes de la tête aux pieds, à longs cheveux, pullulent, grouillent partout dans ces barques, se perchant sur les avirons, sur les vergues, prenant des attitudes délurées, hostiles, pour nous voir passer ; il y en a de tout petits, d'à peine nés, qui se tiennent les poings sur les hanches, le ventre en avant, impayables dans leurs poses de défi.

M. Hoé veut bien nous indiquer une des raretés du pays qui paît sur la rive droite : un cheval. Celui-ci, c'est le blanc ; il paraît qu'il en existe aussi un autre qui est noir (à Tourane, on ne voyage qu'en palanquin).

— Merci, monsieur Hoé ; mais nous avions

déjà eu l'occasion de rencontrer dans d'autres pays ce genre d'animal.

Les premières cases de Tourane passent sous nos yeux, chaumières de bambous pour la plupart, et fort petites, n'ayant que trois côtés comme les boutiques foraines; la nuit, on les ferme par des panneaux mobiles en rotin; mais, le jour, on voit toutes les choses qui s'y font. En ce moment, les gens sont occupés à prendre, avec leurs dents teintes en noir, leur premier repas du matin : riz et poisson toujours, dans des jattes de porcelaine sur lesquelles sont peintes des diableries bleues.

Partout on s'arrête de manger, on nous regarde avec des airs de curiosité et d'inquiétude.

Nous allons maintenant tout doucement, nous autres, nous amusant aussi à examiner ce monde.

Dans le sentier qui longe la rivière, il y a déjà des passants. Tous portent soutane collante, mais les nuances varient; à côté du gris sale qui est la couleur des pauvres, il y a le violet, le capucine et le vert pomme qui paraissent de mode pour les personnes huppées. Les chapeaux, qui sont en paille, dépassent toutes les proportions connues; pour les femmes, c'est plat avec des rebords, comme un énorme tambour de basque; pour les hommes, c'est conique et pointu, comme

un gigantesque abat-jour. Le long de la rivière,
piétinant les pervenches et les liserons roses,
tout cela trotte à la queue leu leu, l'air affairé,
inconscient d'être si ridicule. Et, au même point,
tous s'embarquent dans des jonques plates qui
les mènent sur l'autre rive.

Encore des pagodes qui passent, petites, vieil-
lottes, leurs vilaines diableries toutes mangées
de vétusté et de poussière.

Et puis, à un point où la berge peu élevée
forme un grand talus vert, M. Hoé nous arrête
devant un étroit sentier qui monte; alors nous
amarrons contre une jonque notre baleinière
blanche, et nous sautons sur le sable.

A terre, c'est tout de suite une impression de
chaleur plus lourde; les bambous légers donnent
une ombre tamisée, tremblante, de store chinois,
— ombre chaude qui ne rafraîchit ni ne repose.
Nous montons plusieurs marches de pierre, et le
portique du mandarin paraît devant nous; il a
des pylônes d'un style indien; il est surmonté
d'un mirador contenant une niche à guetteur et
un tam-tam.

Tout le monde semble encore dormir dans
cette demeure, bien que ce soleil matinal, déjà
brûlant, inonde les choses de son impitoyable
lumière.

Nous voici seuls dans un tout petit jardin,

vieillot lui aussi, bizarre. L'ornement du milieu
est un de ces pans de murs carrés qui sont de
mode en Annam, un bas-relief très ancien debout
sur un socle : cela représente des biches mou-
chetées et d'autres bêtes fantastiques en faïence
plaquée, mignardant sous des arbres à la chinoise dont les feuillages sont des mosaïques de
coquillages verts. Des sentiers en miniature se
croisent en lacet. Il y a de fraîches fleurs, des
pervenches du Cap épanouies sur le sable, des
grenadiers doubles, des rosiers du Bengale donnant de microscopiques roses tachées de rouge
sombre. Un accablement de silence et de soleil,
et de lourds papillons noirs qui volent; — au
fond du jardin la maison reste entièrement
fermée.

M. Hoé appelle, parlemente et crie avec sa
voix de singe. Alors des serviteurs sordides, qui
ont l'air d'avoir peur, se hâtent de retirer tous
les panneaux de la devanture, et nous entrons
dans la case, ouverte maintenant comme un
hangar profond, où il n'y a personne et où il fait
sombre.

Nous passons en revue ce lieu, en attendant le
mandarin qu'on réveille. Des choses immobilisées
depuis je ne sais quelle époque lointaine, objets
de cérémonie et de parade, des chasse-mouches,
des parasols officiels, des palanquins, sont accro-

chés au plafond obscur, parmi les toiles d'arai-
gnées et la poussière. Dans un recoin que masque
un store de latanier, il y a tout ce qu'il faut pour
rendre la justice au peuple de Tourane : des
balances, des tares; des cangues, des mâchoires
en bois dur pour comprimer les jambes, des
gongs pour appeler les Esprits, des rotins pour
donner des fessées.

Au milieu du logis, la table d'honneur, autour
de laquelle nous nous asseyons tous, sur de
vieux bancs sculptés, attendant toujours ce mandarin qui tarde à venir.

Il entre enfin par une porte du fond, très
tremblant et très vieux, vêtu d'une robe de crépon bleu à manches larges. Sa figure est assez
belle, malgré l'écrasement asiatique de ses traits.
Ses cheveux semblent poudrés de neige et sa
barbiche rude, taillée à la mongole, sort comme
une touffe de crins blancs d'un masque jaune.

Il s'incline très bas, pour un cérémonieux
tchintchinn, avant de prendre ma main, que je
lui tends en signe de paix et qu'il serre avec un
étonnement craintif. Et puis, faisant le tour de
la table où mes gabiers sont assis avec moi, il
leur donne à tous des poignées de main qui
s'embarrassent dans la longueur de ses ongles,
dans les plis de ses manches pagodes. — Ensuite
il me regarde, attendant ce que je vais dire.

La grande case obscure se remplit peu à peu
de gens qui entrent sans bruit et restent debout
pour écouter : beaucoup de vieillards, tannés
comme des momies, sous des robes misérables ;
des têtes carrées, des figures de Huns. Un groupe
de Chinois, d'un air cauteleux, se faufile au premier rang jusqu'à nous, — reconnaissables ceux-
ci à leur peau plus pâle, leur mine plus efféminée,
leur longue queue et la belle soie de leur robe ;
mauvaises gens, d'ailleurs, ferments de sédition
en Annam. Derrière toutes ces figures d'Asie on
distingue de plus en plus nettement, dans les
fonds, les choses caduques et bizarres qui sont
partout pendues, les tam-tams, les hardes en gue-
nille, les palanquins jadis somptueux ornés de
monstres d'or et tout rongés de poussière. —
Et mes matelots, toujours assis avec une non-
chalance de conquête, semblent plus vivants,
plus larges et plus désinvoltes, au milieu de ces
vieilles poupées d'un monde mort.

Il se fait un grand silence, quand je conte la
bataille de Thuan-an, notre victoire et nos traités
avec le roi de Hué. L'interprète traduit lentement mes paroles ; on n'entend plus autour de
nous que le mouvement léger des éventails et
des chasse-mouches. Cependant aucune marque
d'émotion ne paraît sur ces visages attentifs ;
évidemment la nouvelle de leur défaite leur est

déjà parvenue par les courriers du roi. Seulement ils échangent des signes, des clignements de leurs petits yeux retroussés, comme se disant entre eux : « C'est bien cela; c'est bien ce que nous savions; son récit est certainement très véridique. »

A la fin, quand j'en arrive au but de ma visite, le vieux mandarin se remet à avoir peur. Venir à bord du bâtiment français!... cette idée le fait trembler.

D'abord il discute un peu, et après il supplie. — Il viendra puisqu'il le faut, mais pas seul avec nous dans notre baleinière blanche, ramené comme un captif. Ah! non, ce serait là ce qui l'effraierait le plus, le mortifierait le plus. Pour sa sécurité, et puis par pompe, par convenance, il préférerait, si je veux bien m'en rapporter à sa parole, venir une heure après moi, dans sa jonque à lui, avec une suite et des parasols.

A cause de ses cheveux blancs et de son air de sincérité, j'accepte cette combinaison, et nous voilà tout à fait amis. Alors les assistants, qui n'ont plus rien à écouter, se retirent en parlant bas, avec des *tchintchinn* et des révérences.

Cependant on nous a préparé un thé exquis qu'il nous faut boire avant de partir. Le mandarin nous le sert lui-même dans de toutes petites tasses de porcelaine bleue, qu'il continue de remplir à la ronde à mesure qu'elles se vident. Le plateau, couvert de merveilleuses incrustations de nacre représentant des papillons et des insectes, la théière en vieux chine, le réchaud de cuivre sont des pièces de musée; mais, pour nous sept, rien qu'une cuiller de plomb, — qu'il faut se faire passer pour remuer son sucre.

A la hâte, on nous roule des cigarettes pointues en forme de cône, car nous nous sommes levés pour prendre congé. Et quand le mandarin sort pour nous reconduire à travers son vieux petit jardin mangé de soleil, escorté par étiquette d'un serviteur qui porte devant lui un parasol noir pareil à ceux des bas-reliefs de Ninive, — on sent passer tout à coup, dans les choses, dans l'air, comme un ressouvenir de je ne sais quelle époque reculée de l'Asie antique; la notion du siècle présent est pour un instant perdue...

En bas du petit sentier de bambous, des gens attroupés nous attendent pour nous vendre une quantité de coqs et de poules qu'ils tiennent à la torture dans de trop petites cages rondes; — et puis des œufs, des bananes, des canards et des citrons. M. Hoé se récrie : « C'est au marché que l'on va, quand on désire acheter de ces choses! » — là-bas, de l'autre côté de l'eau où nous avons vu tout le monde se rendre.

Vite alors, passons la rivière, mêlons-nous à la foule do Tourane. Cè sera amusant, et puis cela entre dans nos instructions de rapporter à bord pour les pauvres malades des œufs et des fruits, des choses fraîches à manger.

Mais voilà tout à coup 312, gabier de misaine, qui se ravise au moment de s'asseoir à son aviron. Un revirement soudain s'est fait dans le sentiment qu'il avait sur ces dames de tout à l'heure, et il voudrait maintenant, avec ma permission, aller leur faire une visite avant de quitter cette rive; 216, gabier de grand mât, l'accompagnerait aussi bien volontiers, et, par le petit sentier fleuri, on serait si tôt arrivé! — Oh! une visite très courte, et, tout de suite après, ils me rejoindraient par un sampan...

— Ah! bien non, par exemple! trop dangereuse, cette galanterie, et ce serait trop dommage. J'ai charge d'âmes et je refuse en manifestant une grande indignation. Embarquons, tout le monde, et lestement piquons sur l'autre berge.

Un grouillement immonde que ce marché!

Cela se passe en plein soleil, sur une place carrée. De chaque côté, un double rang d'abris en chaume sous lesquels les vendeurs sont assis. Et, au fond, un mur de pagode où perchent de vieux petits monstres en porcelaine.

Bouilleurs de thé, servant tout chaud dans des tasses à diableries bleues. Pâtissiers, marchands de magots, marchands d'images. Hachis de viandes, offerts par petits pilots dans des feuilles vertes ; omelettes préparées aux larves de mouches ; chiens séchés, fumés, tapés, aplatis en manière de morue ; porcs en vie, empaquetés dans des rotins avec une poignée pour les prendre ; objets à l'usage des dieux, chandelles rouges et baguettes d'encens. Gens malpropres, misère et pouillerie.

En haut, le grand soleil brûle. Et des mendiants, des mendiantes harcèlent le monde avec leurs mains tendues : truands galeux se grattant avec une dextérité de singe ; gens couverts de plaies malignes ; la figure mangée ; vieilles femmes sans lèvres, sans paupières, ayant un trou en guise de nez et sentant la mort.

D'abord on s'écartait de nous avec une espèce de crainte ; à présent, on se rapproche pour nous regarder. Il y a, dans cette foule, de bizarres petites figures d'enfants, avec de beaux yeux vifs. tout nus et un chignon noué très haut. Des jeunes filles presque jolies, avec de longs cheveux rudes attachés à la grecque et des regards de chatte ; mais toujours des dents teintes en noir, des chiques de bétel et de chaux leur mettant aux lèvres une bave rouge. Des éphèbes,

le torse nu, sveltes, bien cambrés, avec de belles
chevelures de femme, — toujours laids ensuite,
dans l'âge mûr, quand pousse leur barbe tar-
dive : une douzaine de poils, longs, rudes, retombant en saule pleureur comme les babines d'un
phoque.

Les grands chapeaux invraisemblables mettent dans l'ombre tous ces visages; de chaque
côté de ces coiffures, des glands descendent
comme des cordons de sonnette, ornés de pen-
deloques en nacre qui représentent invariable-
ment des chauves-souris. On tient un de ces
glands dans chaque main, quand il vente, de
peur que la chose ne s'envole.

Cependant notre baleinière se remplit peu à
peu des plus grosses poules, des plus belles bananes.

Nous achetons comme les bonnes gens et
même nous payons trop cher. Les gabiers se
gorgent de fruits, après les longues privations
du large, regardent de près les filles, soulèvent
les chapeaux pour les mieux voir. D'ailleurs, ils
sont riches; plusieurs rangs de sapèques (une
monnaie percée qui s'enfile par le milieu) sont
enroulés autour de leurs reins comme des chapelets. Alors, dans leur joie d'être à terre et de
manger tant de bananes, ils donnent au hasard
ce qu'on leur demande, laissent les marchandes

faire les comptes et leur prendre elles-mêmes à la ceinture ce qu'elles veulent, quand elles sont jeunes et un peu jolies.

Encore une demi-heure devant nous. Sans nous perdre de vue les uns les autres, nous allons visiter Tourane rapidement.

Et nous voilà errant à la file dans les petits sentiers de sable bordés de haies très vertes ou de barrières en bambous. Çà et là, des toitures basses, éparpillées parmi des arbustes en fleurs, et de tout petits arékiers aux palmes frisées ressemblant à des bouquets de plumes d'autruche au bout de hampes de roseau. Une végétation maniérée et pas de grands arbres.

Autant de pagodes que de maisons (les matelots disent : des chapelles à messe noire). Vieilles pagodes lilliputiennes où cinq ou six personnes auraient peine à tenir avec tous les magots qui sont dedans. Pour les orner, il semble qu'on ait autrefois figé dessus des rêves d'enfer; des hideurs et des épouvantes de toute sorte sont peintes, gravées, sculptées sur les toits et les murailles : guirlandes de crabes et de scorpions; enchevêtrements de vers annelés qui semblent mous comme des larves; longues chenilles griffues roulant des yeux féroces et ayant des cornes; petits monstres moitié chiens, moitié diables, riant tous du même rictus intraduisible.

Les soleils dévorants, les brumes salées de la mer, les grands souffles destructeurs des typhons, ont eu beau effriter toutes ces choses, les craqueler, les disjoindre, elles ont conservé, sous la poudre grise des siècles, un air de vie intense; elles se dressent, se cambrent, se hérissent, et regardent en louchant du côté de l'entrée, comme prêtes à sauter dans un paroxysme de fureur, sur qui oserait venir.

Alentour, de vieux jardinets de sable, où des plantes étranges se pâment de chaleur et de lumière; des enclos vides, que gardent d'autres indéfinissables bêtes grimaçant la mort. Et toujours de ces écrans de pierre posés debout au bord des chemins, festonnés bizarrement et couverts de diableries à faire frémir.

A l'intérieur de ces pagodes, c'est la vieillesse décrépite; la poussière, le salpêtre rongeant les idoles et les inscriptions de nacre des murs. Dans le sanctuaire sombre brûle une petite lampe veilleuse, éclairant mal des régiments de monstres aux barbes mangées par les vers. On sent une odeur d'encens, de moisissure de caverne, et au fond, sur l'autel, dans la demi-obscurité, Bouddha, ventru, obscène, éclate de rire et de bien-être entre des hérons symboliques et des tortues.

Nous entrons dans les maisons qui se présentent pour regarder ce qui s'y passe.

Les habitants sont dehors, au marché probablement. Nous ne rencontrons guère que des vieillards ou des petits enfants, qui se cachent, laissant tout ouvert derrière eux; ou seulement des chiens maigres, qui nous flairent et puis s'en vont la queue basse en hurlant la peur.

Elles se ressemblent toutes, ces cases, assez misérables, et n'ont jamais que trois côtés. Les gens couchent au fond, sur des espèces d'estrades que masquent des stores en joncs peinturlurés. Et, au milieu du tout, à la place d'honneur, derrière un store particulier, les bouddhas de la famille se tiennent assis dans une niche, entourés de tout ce qu'il y a de précieux au logis : potiches, écrans, petits gongs et petites sonnettes.

Les matelots qui, dans notre course, zigzaguent de droite et de gauche, regardant, s'amusant, cherchant des fruits et des femmes, m'appellent tout à coup, très saisis, pour venir voir. Ils ont découvert une case de riche, qu'ils disent tout à fait belle.

Il y fait sombre, chez ce riche. Les colonnes massives qui soutiennent la charpente sont en bois rare et couvertes de fines sculptures; on aperçoit, dans les fonds, des corniches ajourées, vraies dentelles de santal, d'ébène, d'acajou, rehaussées d'or; et puis des inscriptions dorées sur de grands panneaux de laque. Une quantité

de bonnes choses sont pendues aux poutres compliquées de la toiture, jambons fumés, chiens
tapés, canards tapés, poissons secs; et puis
d'autres bêtes extraordinaires imitées avec des
branches d'arbre qu'on a contournées en griffes,
avec des racines auxquelles on a mis des yeux.
La loge des bouddhas ne peut manquer d'être
très remarquable dans une telle demeure; et
les gabiers, familiarisés qu'ils sont déjà en vingt
minutes avec les coutumes de ce pays, s'en vont
tout droit soulever le store du milieu pour voir
ces dieux qui doivent être derrière.

Ils apparaissent alors, assis en rond et tout
brillants de fin or. Le réchaud où leur encens
brûle est d'une forme religieuse exquise, avec
des anses très hautes. Autour d'eux il y a des
écrans incrustés de nacre verte et rose; des
queues de paon dans des potiches bleues et des
gongs d'argent pour attirer leur attention quand
on les prie.

Un vieillard à chignon tout blanc, hébété de
nous voir, sort d'un coin en faisant des révérences jusqu'à terre, en ayant l'air de demander
grâce avec des petits cris plaintifs. C'est lui sans
doute, le riche auquel toutes ces choses appartiennent; afin de le rassurer, 312 imagine de lui
dire bonjour en breton et en français, et puis
nous rebaissons le store des dieux et nous nous

en allons pour ne pas prolonger son inquiétude.

Dehors, la grande lumière nous reprend, plus éclatante. Sous nos chapeaux blancs, c'est comme un feu qui cuit nos tempes, ou une douleur profonde qui, par moments, nous prend toute la tête. Et toujours cette senteur de musc et de fiente, lourde à respirer, qui traîne dans l'air.

Les gabiers me suivent, plus groupés, d'une allure plus lente, accablés peu à peu par cette chaleur qui va croissant à mesure que monte ce soleil de mort. Leurs pieds nus se brûlent dans le sable et se déchirent aux épines des plantes grasses.

Au hasard, ils arrachent de la haie verte quelque fleur inconnue, cueillie à pleine main, qu'ils mettent à leur chemise ou qu'ils jettent après l'avoir froissée, comme les enfants. Quelquefois, derrière les barreaux légers d'une palissade, apparaît la grosse tête grise, le cou tendu d'un buffle en arrêt qui nous flaire, immobile et stupide, une fumée blanche sortant de ses naseaux mouillés.

Et les vieux petits monstres de porcelaine, partout perchés aux angles des pagodes, dardent toujours le regard intense de leurs yeux de verre, comme essayant de jeter, dans le silence de ces chemins et de ce soleil, les mystérieuses épouvantes chinoises. Au passage, ils nous disent le profond abîme qui sépare de nous les hommes et les choses de leur pays ; les ténèbres différentes d'où nous sommes issus, les inquiétantes dissemblances de nos origines premières.

Quand nous reparaissons au milieu des boutiques et des vendeurs, on nous accueille cette fois comme des amis qui reviennent; c'est bien plus que nous ne demandions, et, pour quelques sapèques distribuées étourdiment, les mendiants aussi se mettent à nous faire cortège. Avant de nous sauver, nous voulons pourtant regarder cette pagode, une des plus grandes de Tourane, qui est là sur cette place du Marché, et nous y entrons suivis de la foule.

Elle est presque vide, comme au lendemain d'un pillage. Quelques armes de cérémonie sont encore pendues aux murailles; armes anciennes, compliquées, méchantes, ayant des dents, des yeux, des rires, ébauchant toujours, comme toutes les choses chinoises, les formes et les contorsions d'une bête. Par terre traînent des parasols, des lanternes, des brancards à têtes de monstres pour porter les morts. Et M. Hoé nous confie que, pour des raisons politiques, on a passé la journée d'hier à déménager les bouddhas, les vases, tous les magots; on les a cachés fort loin dans la campagne.

Un tam-tam tout à fait énorme est resté dans un coin, et les gabiers me demandent la permission d'en jouer pour voir quel son cela peut bien avoir. Mais, sans doute, je permets, et je ne demande pas mieux moi-même que d'entendre un peu de musique.

Boum! boum! boum! boum! à tour de bras; c'est assourdissant et effroyable. De toutes les boutiques, on accourt pour savoir ce qui se passe. Et autour de nous la foule est aussi compacte qu'une foule de Tourane puisse être. Allons-nous-en!

Mais on nous accompagne; toute la plèbe des mendiants s'est attachée à nous. Les figures mangées, les galeux, des bonnes femmes sans nez, tout cela nous suit, nous tire par la manche, nous saute après. Cette première distribution de sapèques nous a perdus; maintenant nous les jetons sans compter, à poignées. C'est une déroute; entourés, palpés, embrassés, sentant promener sur nous des mains malpropres, voleuses ou obscènes, nous fuyons, nous serrant les uns aux autres, cachant nos mains à nous par peur des contacts, n'osant pas frapper par pitié, par dégoût; n'osant pas regarder non plus; nous fuyons, emportés par un tourbillon de cris et de monde.

Heureusement notre baleinière est là, nous sautons dedans. — « Pousse! » — Et tout cela se recule avec un murmure qui s'éteint, le marché s'enfuit derrière les bambous de la rive. Nous voilà au calme sur l'eau courante qui nous entraîne. C'est fini...

Là-bas, les mêmes belles que ce matin sont encore sur la berge. Cette fois, elles essaient de nous faire voir des canards et des bananes pour mieux nous attirer, pour se donner des airs de marchandes ; ça ne réussit pas non plus. Alors de dépit, l'une d'elles nous lance un gros œuf de poule qui s'aplatit dans le dos de 315, gabier de beaupré.

— Oh ! Madame, comme vous êtes mal élevée !

Nous arrivons au tournant du large, à la pagode qui garde l'entrée. L'endroit est silencieux, inondé de lumière. La vieille diablerie, immobile sur son sable, dans un enclos d'aloès, nous envoie au passage les mêmes grimaces, les mêmes rires féroces ; et puis la rade s'ouvre devant nous toute grande : une nappe d'eau d'un bleu pâle, resplendissante, un immense miroir à soleil où pas un souffle d'air ne passe. Il n'y a plus trace de ces nuages qui l'assombrissaient au lever du jour ; dans l'air brûlant, ils se sont émiettés, fondus. Les montagnes lointaines, qui s'avancent dans la mer pour former les caps, sont si pointues, si régulièrement tailladées, qu'elles ont vraiment un air chinois ; mais il semble qu'elles se soient abaissées, qu'elles se soient un peu fondues, elles aussi, sous cette clarté éclatante d'à présent, et

que la rade se soit encore agrandie. — Et notre
bâtiment est bien loin, hélas! sa silhouette grise
est là-bas presque à l'horizon, surélevée par le
mirage. Deux heures de route à l'aviron, sur cette
mer chaude, avec ce terrible soleil qui monte
toujours, ce sera beaucoup pour les bras de mes
pauvres gabiers, quoiqu'ils soient bien trempés
et durs.

Mais comme elle s'est peuplée, cette rade, qui
était vide quand nous l'avons traversée pour
venir! Nous nous étonnons d'y voir une telle
multitude de sampans et de jonques de pêche,
semés sur ce bleu comme des essaims de mouches.
D'où tout cela a-t-il bien pu sortir? Les pêcheurs,
le torse jaune en pleine lumière, la tête dans
l'ombre noire sous leur chapeau abat-jour, tra-
vaillent vite, vite, avec une facilité invraisem-
blable, comme des bonshommes remontés par
une manivelle. Leurs filets roux, lancés sans
effort, se relèvent de minute en minute, toujours
aussi remplis de poissons sautillants qui, de loin,
brillent comme une poussière de nacre.

Et puis, qu'est-ce que c'est que cette compagnie
de grandes bêtes extraordinaires qui est venue
se poser là-bas sur le miroir des eaux, au pied
du cap Kien-Cha? Sans doute l'escadre de jonques
royales, chargée de riz pour la cour, qui était
attendue de l'île d'Haïnan. Avec des tournures

pareilles, cela ne peut pas être autre chose : bêtes
de haute mer, aux longues ailes rousses nuancées
de jaune ; ailes de chauves-souris chez les unes,
découpures fantastiques de membranes tendues ;
ailes gracieuses de papillons chez les autres, avec
un grand œil au milieu pour achever la ressemblance. Les Chinois ont un tel sentiment intense
de l'animalité qu'il leur est impossible, dans ce
qu'ils font, de s'affranchir des formes vivantes. —
Elles arrivent, elles viennent de mouiller et
referment peu à peu leurs voiles avec une lenteur
fatiguée. Leur couleur rougeâtre tranche sur tous
ces tons bleu clair pleins de reflets de soleil ;
l'éloignement, le mirage, leur donnent l'air
plus étrange ; elles paraissent grandes et légères.

Ah ! les braves amis que ces gabiers, sans
faiblesse comme sans murmure et sans peur ! Le
temps de boire un peu de vin que je leur ai
donné, de *décapeler*[1] leur chemise, de se mettre
bien à l'aise, et puis, s'encourageant les uns les
autres, les voilà lancés à fendre l'eau de toutes
leurs forces sous ce ciel qui brûle. Lentement
les pointes de sable se referment, se recouvrent,
et la vieille petite ville saugrenue disparaît tout
à fait derrière ses dunes basses qui, elles-mêmes,
s'éloignent et s'aplatissent pour n'être bientôt plus

[1] Enlever.

qu'une ligne; nous sommes au milieu de l'étendue miroitante qui nous renvoie par-dessous, dans un éblouissement, tout le soleil tombé d'en haut.

Derrière nous, une grande jonque est sortie de la rivière, portant un pavillon pointu bariolé de rouge; on y aperçoit des gens en longue robe et des parasols. C'est le mandarin qui vient à bord, fidèle à sa promesse. Allons, notre mission au moins aura été bien remplie.

Mais des zones beaucoup plus bleues commencent à se dessiner sur la surface pâlie de la mer; elles semblent courir en se ramifiant; elles s'allongent en queues de chat, comme font au ciel ces minces nuages étirés qui annoncent du vent. C'est la brise qui se lève... D'abord on ne sent que de petits souffles intermittents qui viennent agiter notre tente blanche, qui meurent et puis qui renaissent.

Mais bientôt la rade entière est envahie par cette teinte plus foncée qui s'est étendue comme aurait fait une immense tache d'huile, la rade est toute ridée de stries bleues; la brise souffle doucement et on se sent vivre.

Dans les jonques de pêche, tout à l'heure inertes, c'est maintenant une agitation générale; les filets sont rentrés; des mâtures exagérées, extravagantes poussent de partout comme par enchantement : longues pattes articulées, longues cornes, longues antennes. Et des voiles en paille nattée s'ouvrent les unes après les autres, affectant toutes les formes d'ailes connues. Dans les lointains, on dirait des mouettes, des scarabées, des papillons : c'est comme si une fée, avec sa baguette, venait de faire éclore d'un coup toutes ces chrysalides endormies. Et cette étonnante peuplade s'anime, s'enlève, se met en route gaiement pour les pêcheries de la haute mer.

La brise fraîchit toujours. Il y en a, de ces jonques, qui s'en vont toutes penchées sous leur voilure folle; pour maintenir de tels équilibres, les gens qui les mènent se perchent en dehors, tout au bout de longs arcs-boutants de bois, accroupis comme de jeunes singes. Il nous en passe à droite et à gauche, qui nous frôlent; il nous en passe devant, qui nous coupent la route, légères, bruissantes, faisant à peine sur l'eau des traînées blanches.

Nous aussi, nous avons rentré nos avirons et mis en l'air toute la toile possible. Nous filons assez bien et nous respirons cette brise qui nous sauve, — un peu vexés cependant de nous sentir la marche presque lourde au milieu de toutes ces choses envolées...

II

30 août 1883.

... En m'éveillant, je regardai la fraîche mousse sur laquelle j'avais dormi. — Elle était semblable aux mousses de France, et il y avait aussi des graminées fines rappelant celles des bois familiers où j'ai vécu enfant, à l'ombre de très grands chênes, sur un sol pierreux, favorable aux bruyères...

C'était au pied d'un vieux petit mur, dans un recoin très ombreux.

Et il n'avait non plus rien d'étrange, ce bas de mur contre lequel s'appuyait ma tête; il était comme ceux des maisonnettes de nos villages; autrefois blanchi d'une couche de chaux à la manière campagnarde, — maintenant tout verdi, avec des fougères dans les trous... Sans doute, quelque cabane abandonnée, isolée au milieu d'une région touffue d'arbres. (Autour de soi, on devinait les profondes épaisseurs vertes.)

Et j'eus la sensation complète, pendant deux secondes, la sensation du *pays*, avec le charme de nos étés de France; l'illusion d'un de mes réveils d'enfant, dans quelqu'un de nos bois...

... Pourtant ce grand vent qui passait dans les branches, qui passait toujours, ce grand vent était bien chaud, et charriait des senteurs inconnues... Puis j'entendis près de moi gémir la mer, — et, au-dessus de ma tête, un autre son, — un son des plages lointaines, — me jetant tout à coup dans un monde confus de souvenirs d'ailleurs... Alors je regardai en haut... Dans la lumière excessive de ce ciel, un cocotier, monté sur sa tige longue, tordait ses grandes plumes échevelées...

Cela, c'est une tristesse, un bruissement particuliers aux plages d'Océanie, — et il me vint, pendant un autre instant rapide, le ressouvenir poignant de mille choses tahitiennes, déjà oubliées, hélas! — effacées... Je me relevai, me demandant : « Est-ce que je suis là?... »

Mais non, mes yeux rencontrèrent le haut de ce petit mur, qui m'avait rappelé les villages de France : je vis qu'il était festonné étrangement, tout hérissé de cornes et de griffes, de formes baroques et mystérieuses, rongées par le temps ; — et un monstre de porcelaine, perché sur le rebord du toit, me regardait avec un rictus chinois...

La Chine ! la lointaine Chine ! j'y étais donc ! — C'est dans quelque recoin perdu de la grande terre Céleste que je dormais là, tranquille, de ce sommeil d'été...

Oh ! alors j'eus un regret déchirant de nos beaux étés de France, de ces belles années, les dernières peut-être de ma jeunesse, qui vont être consumées ici loin de tout ce que j'aime, de tout ce que j'ai aimé.

... Endormi près de la vieille pagode, déjà familière, qui est là, isolée dans l'île verte, et où les pêcheurs viennent prier Bouddha de remplir leurs filets. — Et, sans même ouvrir les yeux, je retrouve dans ma mémoire la grande baie aux montagnes sombres qui renferme cet îlot vert ; et aussi l'intérieur de cette pagode des bois, avec ses idoles, ses trois ou quatre petits monstres, vieux gnomes pleins de salpêtre, qui sommeillent là dans l'humide obscurité.

Comment y suis-je venu, dans ce pays de Tourane, au bord de la mer de Chine ?... Et quand sortirai-je de cet exil ?

Je me rappelle à présent... Cela s'est fait très vite : un ordre de départ arrivé comme un coup de foudre, un beau jour de printemps. Il y avait la guerre par ici, et vite il a fallu tout quitter, aller s'embarquer à Brest, partir sans regarder derrière. Après une semaine agitée, de préparatifs, d'adieux, arriva le jour de l'appareillage; on fit à bord le grand appel solennel des départs, tandis que les côtes bretonnes s'effaçaient derrière nous dans les lointains infinis.

Puis la mer devint plus bleue, le ciel plus limpide, le soleil plus chaud; et l'Algérie apparut, et, comme toujours, m'enivra.

Très courte, très fugitive, cette relâche à Alger, avant l'enfer jaune d'Asie.

Ce charme algérien, il est fait pour moi de mille souvenirs d'une époque passée de mon existence; et puis de senteurs d'Afrique, de choses indicibles et insaisissables, qui sont dans la lumière et dans l'air.

Le jour, les flâneries douces à l'ombre, ou bien les courses comme autrefois, sur des chevaux de spahis, avec l'ami Si-Mohammed. Et la nuit, en haut, dans la ville mauresque, mystérieuse et blanche sous la lune, les petites flûtes arabes gémissant pendant des heures leur tristesse stridente sur les mêmes notes éternelles, avec un grand bruit de tambours, — la seule musique qui me charme encore, à présent que je me suis lassé des harmonies raffinées...

Puis nous traversâmes encore des eaux tranquilles et bleues jusqu'à Port-Saïd, — grand pêle-mêle de toutes les nations d'Europe, avec un fond d'Égypte et des infinis de sable.

Très vite passa l'isthme de Suez, les sables étincelants des pays de Moïse, les mirages, les caravanes sur les berges, — et nous descendîmes la mer Rouge.

Et la chaleur augmentait, et le bleu du ciel se ternissait de sable, et on ne respirait plus. C'était en juillet; une grande brise de fournaise nous poussait de l'arrière. La nuit, les étoiles changeaient, la Croix du Sud montait lentement dans notre ciel; et je la saluais avec une émotion de lointain souvenir.

Enfin nous entrâmes dans l'océan Indien, par brise égale, temps tiède et pur. Le calme se faisait en nous-mêmes sur les déchirements du départ, — et l'effroyable distance augmentait toujours...

... L'île étonnante de Ceylan, entrevue par grand vent, sous un ciel noir... La terre y était jonchée des feuilles et des fleurs tombées de la voûte immense des arbres; la terre y était mouillée par des pluies de déluge; les nuits y étaient chaudes et sombres, et la senteur irritante du musc emplissait l'air. — Un trouble sensuel et lourd, jeté le soir par des yeux indiens, par des femmes aux bras de bronze cerclés d'argent, qui marchaient avec des tranquillités de déesses, vêtues de draperies roses...

Après, revint encore la vie saine et reposante de la mer, le grand apaisement du large qui efface tout; nous faisions route sous voiles vers Malacca, et c'était chaque jour le même ciel admirablement pur, le même enchantement de lumière.

Une nuit, à une heure du matin, au milieu de ce golfe du Bengale, les timoniers avaient la consigne de me réveiller, bien que je ne fusse pas de quart : nous passions sur le point calculé où, vingt ans auparavant, on avait immergé mon frère. Et je me levai, pour aller regarder tout autour de moi les transparences bleuâtres de la mer et de la nuit.

Tout était calme, calme, cette nuit-là; la lune

un peu voilée, l'horizon très profond du côté du sud. Du côté du nord, au contraire, dans la direction de cette sépulture, des nuages épais s'étaient posés sur les eaux, y faisant traîner des ombres, comme des écrans immenses.

La mousson qui nous avait poussés mourut bientôt aux approches de l'équateur, et, un soir, la pointe du royaume d'Achem nous apparut dans de la lumière dorée. Alors, sur l'eau encore plus chaude, les premières jonques se montrèrent avec leurs voiles plissées comme les ailes des chauves-souris : nous arrivions dans l'extrême Asie, nous entrions dans l'enfer jaune.

Et à Singapour, sous les grandes plantes équatoriales, commença autour de nous l'immonde grouillement chinois, l'agitation simiesque des yeux tirés aux tempes, des têtes rasées et des queues.

Rapidement nous sommes remontés dans cette mer de Chine, poussés par la mousson de sud-ouest.

Oh ! cette arrivée au Tonkin, par un temps sombre et sous des torrents de pluie !... Ce jour-là, je relevais, encore très faible, d'une insolation, la seule maladie sérieuse de ma vie, qui

m'avait mis à deux doigts de mourir. C'était le
matin, de bonne heure ; mon matelot Sylvestre,
qui me veillait, me voyant ouvrir les yeux, me
dit : « Nous sommes arrivés au Tonkin, cap'-
taine ! » — Notre navire marchait toujours, mais,
en effet, par mon sabord ouvert, je voyais vaguement
ment passer des choses d'une invraisemblance
tout à fait neuve : de gigantesques menhirs gris,
sortant partout de la mer. Il y en avait des milliers qui défilaient les uns après les autres ; c'était
comme un monde de *pierres debout* formant des
avenues, des cirques, des dédales ; une Bretagne
démesurément agrandie et surchauffée, — par
un feu latent, car le ciel était plus noir qu'un ciel
d'hiver sur le pays celtique. Je crus que j'avais
le délire encore, que je voyais des choses imaginaires, un pays dantesque, et j'essayai de me ren-
dormir.

Mais non, c'était la baie d'Ha-Long, tout simplement, une région d'un aspect assez unique sur
la terre. — Cela ne dure pas, une insolation,
quand on n'en doit pas mourir ; le lendemain, je
pus reprendre mon service et m'assurer que ce
pays était réel.

Puis nous quittâmes cette rade pour l'entrée
de la rivière de Hué. Les événements se précipi-

tèrent sous l'écrasant soleil. Il y eut la prise de Thuan-an, les trois jours de bombardement et de combat. Et, après toutes ces agitations, la paix du séjour à Tourane commença pour nous. Une paix morne, accablée de chaleur, une paix d'exil, dans un recoin perdu de l'Annam, et pour un temps indéfini.

On nous l'a donnée à garder, cette province avec ses ports. Il faudra s'y acclimater et peut-être y passer l'hiver. Hélas! quel tombeau lointain et étrange!

Tout autour de cette grande baie où notre *Circé* est mouillée, des montagnes hautes et sombres. Au fond, là-bas, s'ouvre une rivière, — et, au premier tournant, le village, vieux, caduc, se cache parmi les bambous frêles qui ressemblent à de grandes avoines en fleur.

Mais je le connais si bien maintenant ce village, je l'ai tant parcouru, visité, fouillé dans ses derniers recoins, que tout m'y semble ressassé et banal. Le premier intérêt de curiosité passé, je n'aimerai jamais ce pays, ni aucune créature de cette triste race jaune. C'est bien la vraie terre d'exil, celle-ci, où rien ne me retient ni ne me charme.

Alors j'ai adopté cet îlot vert et cette ombre de la pagode. J'y viens le soir, après l'ardeur de midi, quand le soleil baisse, me retremper dans la vie silencieuse et plus fraîche des plantes; j'y viens presque toujours seul avec les matelots de mon canot; et cela les amuse, eux aussi, bien que l'île en miniature ne soit qu'un bois enchevêtré de lianes et de jasmins, où n'habitent que des singes.

Déjà nous sommes devenus très familiers de cette pagode toujours déserte; elle nous sert surtout de cabine de bain; nous y déposons nos vêtements sous la garde des Esprits, des vieux petits monstres horribles qui veillent dans l'obscurité du sanctuaire, puis nous allons nous baigner.

Et ce temple bouddhique nous inspire une sorte de respect, malgré tout; nous n'y dérangeons rien et nous y parlons bas. — C'est qu'il y fait sombre, et puis, autour des lieux où on a longtemps prié, il y a toujours des essences inconnues qui planent. Dans les églises bretonnes très anciennes, dans tous les vieux temples de toutes les religions du monde, j'ai éprouvé cette oppression du surnaturel...

III

Quel capharnaüm, ma chambre de bord ! — Un encombrement de choses drôles, de bouddhas ventrus, d'éléphants ; des panneaux incrustés de nacre ; du thé, des parasols, des potiches et des armes. Il y a même trois crapauds, de vrais crapauds bien en vie, qui demeurent dans une cage, — c'est un procédé que m'ont enseigné des marins anglais, pour éloigner les rats qui font la guerre à mes gants et à mes bottines. (La nuit, Sylvestre place cette cage à ma porte, et les rats, paraît-il, s'intimident, n'entrent plus.)

Surtout il y a des fleurs, en bouquets, en gerbes. Fleurs que bien des belles, à Paris, n'ont jamais vues dans leurs serres, jamais senties, jamais soupçonnées, et qui leur porteraient une intime impression d'inconnu. Beaucoup d'orchidées ayant des formes d'insecte, avec des couleurs fausses et sans nom : des blancs crème teintés de vert, des nuances aurore pâle tournant au bleu, comme certains crépons de la Chine. Et des feuillages, et des senteurs rares ! — Avec tous ces parfums, Sylvestre, un de ces matins, en venant me réveiller, me trouvera raide mort, — et cette fin-là sera bien poétique pour un pauvre rouleur de mer.

Ce sont mes gabiers qui me cueillent chaque jours ces bouquets, en allant à l'aiguade, — dans ces brousses de montagne où M. Hoé, notre interprète, dit qu'il y a *un peu monsieur tigre, et beaucoup monsieur macaque.*

20 septembre 1883.

Un grand typhon a passé hier sur Tourane, chavirant tout, jetant les toitures à bas avec les arbres, tuant du monde, — une vraie désolation.

La moitié au moins des maisons sont par terre, les gens campent sur l'herbe, ramassant les cassons de leurs bouddhas, de leurs magots.

La *Circé* a pu tenir en place, à l'abri d'une grosse montagne. Mais, pendant quelques heures, c'était très sinistre ; cela se passait en plein midi, et on ne voyait plus rien; on entendait mugir une grande voix horrible, et la mer, émiettée, pulvérisée par le vent, fumait comme une eau bouillante.

Aujourd'hui le beau temps calme est revenu; le courant de la rivière charrie tranquillement vers le large les bêtes noyées et des débris.

C'est le soir, quand la nuit tombe, qu'on se sent perdu ici, et comme exilé à jamais.

Que c'est loin, le reste du monde!

Toujours ces teintes de crépuscules sont étranges et glaciales, surprenantes en ce pays de chaleur. Sur des ciels jaunes, livides, les montagnes qui deviennent d'un gris de fer ou d'un noir d'encre profilent très haut leurs dents pointues avec des duretés de découpure; à ces heures-là, elles semblent gigantesques.

On comprend alors l'art de certains peintres chinois, leurs paysages, qui arrivent à des perspectives profondes avec des couleurs autres que celles de la nature habituelle, et dont le fantastique est triste à faire peur.

10 octobre 1883.

J'ai eu ce matin la douleur de perdre un de mes trois crapauds. Mon matelot Sylvestre a pro-

noncé, avec son accent breton, ce court éloge
funèbre : « Ça, c'est tous des sales bêtes, cap'-
taine,. » — et puis il l'a emporté à sa dernière
demeure avec des pincettes.

Une mauvaise période de lassitude que nous
traversons tous. Nous avons bien toujours le
même intérêt à lire les lettres qui viennent de
France, seulement nous n'y sommes plus pour
répondre. Je connais cela, et l'ai déjà éprouvé
ailleurs ; c'est le voile qui se tisse lentement sur
les choses trop éloignées, c'est l'anéantissement
par le soleil, par la monotonie, par l'ennui...

IV

Mercredi, 17 octobre 1883.

La *Saône* arrivée précipitamment ce matin, avec ordre de nous prendre la moitié de notre équipage, la *compagnie de débarquement* et *l'armement des petits canons* — les meilleurs, tout ce que nous pouvions donner; — avec recommandation de les embarquer la nuit, de cacher aux Annamites ce départ, ce grand vide à bord.

Et ils sont partis ce soir, après le branle-bas. Mauvais temps, — nuit noire. Destination inconnue. Cela impressionnait très péniblement de les voir tous s'armer à la hâte, ranger leurs sacs, leurs vivres, faire leurs adieux. Tous mes pauvres gabiers, — ceux qui m'apportaient de si belles

7

fleurs les jours d'aiguade, — s'en sont allés. J'ai reçu mille petites recommandations pour des mères, des fiancées, des jeunes femmes; les uns m'ont confié leur argent, d'autres leur montre, leurs petites choses précieuses, ne sachant pas ce qu'ils vont devenir.

Un seul officier est parti avec eux; nous nous connaissions depuis quinze ans, lui et moi, depuis l'école; nous avions vécu en bons camarades, nous accordant une estime réciproque, — et, mon Dieu! il semblait que ce fût à peu près tout. — En recevant ses recommandations, à lui aussi, son baiser d'adieu, j'ai compris que c'était, au contraire, très solide entre nous deux, que nous étions très attachés l'un à l'autre.

Au milieu de la nuit noire, ils s'entassaient dans les canots qui les emportaient. Un cliquetis d'armes, des adieux à voix basse; pas de cris ni de vivats, un vrai départ tranquille de braves; — puis, plus rien que le bruit du vent et de la mer, et, sur eux qui s'éloignaient, l'obscurité profonde de cette nuit d'orage. Où s'en vont-ils tous, et quels sont ceux qui ne reviendront pas?...

J'ai dormi deux heures sur ce départ, jusqu'au moment où un timonier est entré dans ma chambre et m'a dit, en allumant une bougie, cette phrase

éternelle qui depuis tant d'années me poursuit :
« Cap'taine, il est minuit moins le quart. » Alors
j'ai vu s'éclairer toute la compagnie alignée de
mes bouddhas, me donnant, dès le réveil, le sentiment de l'exil, de l'extrême Asie. Je me suis levé
triste, le cœur serré, pour faire le quart sur un
bateau à moitié vide.

Quart de nuit au mouillage, par temps redevenu
calme ; rien à faire.

« Factionnaires, à l'appel ! » — On me répond
qu'il n'y en a plus. C'est juste, j'oubliais ; il me
faut toute sorte de combinaisons pour en trouver.

Quand ils sont à leur poste, je prends, pour me
distraire, un livre nouveau de Leïla-Hanum, que
des amis de Paris m'ont envoyé parce qu'il parle
de Stamboul.

Pas de chance, moi qui ne lis jamais ; je tombe
justement sur un passage, — charmant d'ailleurs,
— qui me cause une angoisse de souvenir :

*... Nedjibey voilée s'en alla seule à Sultan-
Achmet ; c'était un matin de printemps, la saison
fraîche où l'on vend à tous les coins de rues les
fleurs parfumées des jonquilles...*

Oui, en effet, je me rappelle... tous ces marchands de fleurs et ce frais printemps. — C'était
précisément la saison où il m'a fallu quitter le
pays turc... Et voici que la phrase douce de Leïla-
Hanum vibre lentement dans ma tête comme le

son d'un glas lointain. Oh! mon départ de Stamboul! Comment dire ces impressions-là, si complexes, où tant de choses étaient mêlées : l'affreux déchirement de notre amour, la tristesse morte de cette grande ville de l'Islam; et ce charme du printemps qui arrivait, ce vent tiède qui semait par les petites rues désertes les fleurs roses des pêchers... Ces dernières journées avant l'appareillage, ces heures de grâce, ces dernières courses d'adieu dans ce Stamboul où le printemps naissait, *où les fleurs de jonquilles se vendaient à tous les coins de rues*, répandant partout leur odeur suave...

Alors j'ai fermé le livre et suis remonté sur le pont. Le bord était plus silencieux que de coutume, la nuit encore plus calme.

On entendait seulement la plainte régulière d'un malheureux qui se meurt à l'infirmerie, d'un abcès au foie, une des maladies de ce pays jaune.

V

Un temps tout à fait particulier, d'une chaleur douce, d'une pureté exquise. Nous partons en baleinière pour aller reconnaître Shun-An, de l'autre côté de la baie, au pied de ce défilé de hautes montagnes que les Annamites appellent : *Porte des nuages*.

Rien qu'un hameau de pêcheurs misérables, mais une toute petite pagode très jolie, fine dentelle de plâtre et de porcelaine, dans un lieu profond, ombreux, sous de grands arbres rigides et solennels, de l'espèce appelée : *Arbres à pagode*. Dans toute cette région humide, des capillaires, de variétés délicates et rares, tapissent les vieux murs.

Les gens sont laids et craintifs.

A l'entrée du village, *monsieur tigre* est figuré en bas-relief sur un grand écran de pierre; il est peint de couleur naturelle, avec des babines en crin, des yeux en cristal, — et fait, comme il est de rigueur, une grimace chinoise. De petites chandelles rouges, odorantes, brûlent à ses pieds : c'est pour le calmer, nous dit-on, parce qu'il est venu cette nuit miauler jusque dans la rue.

Une case mandarine est isolée là-bas, au milieu de ces champs de riz qui sont d'un vert plus tendre que nos blés en avril. Nous nous y rendons par d'étroits sentiers en bosse qui traversent les rizières inondées, comme en France les *levées* de nos marais salants. Les portes sont closes; c'est que ce mandarin qui était très âgé, paraît-il, vient de mourir. La veuve, une pauvre vieille singesse plaintive, nous ouvre et nous fait entrer dans une salle basse très ancienne, où toutes les poutres massives représentent des vampires et des monstres. Elle veut nous vendre ses lances, ses plateaux, ses postiches, ses parasols; — et nos matelots en ont leur faix d'emporter dans notre baleinière toutes ces dépouilles du mandarin mort.

Au coucher du soleil, il est temps de repartir; nous nous en allons, bercés par une houle énorme que la mer de Chine nous envoie et qui vient lentement mourir dans cette baie; une fraîcheur d'automne, toute nouvelle et vivifiante, arrive avec le soir, et le crépuscule est d'une pure couleur d'or.

Tandis que nous rentrons tranquillement à la voile, apparaît là-bas, au fond de l'horizon, le bienheureux paquebot de France, qui s'arrête en passant pour remettre nos lettres à la *Circé*. — Cela va nous compléter une bonne journée, une fois par hasard, et nous serions très gais sans le souvenir tout frais de nos camarades partis avant-hier pour l'inconnu...

Hélas! pourquoi ne nous fait-on pas marcher avec eux?

En y songeant, on a honte presque de cette sécurité de Tourane; et puis vraiment, ce rôle de gardien de blocus, si utile qu'il soit, finit par devenir mortel...

VI

Sylvestre Moan, mon matelot, est du pays de Goëlo, comme M. Renan et mon frère Yves, — d'un hameau en Ploubazlanec. Je l'avais connu jadis, par mon ami Yann le géant, alors qu'il était petit mousse et pêcheur d'Islande.

Un peu trop encombrant, c'est tout ce que je lui reproche, et encore ce n'est pas sa faute : plus haut et plus large d'épaules que ma porte n'est grande; des bras effrayants, une barbe très noire. De loin, un air terrible; de près, une jolie figure douce, douce et naïve; dix-neuf ans, des yeux bleus tout jeunes; les manières, les inflexions de voix, la candeur d'un petit enfant. Lui et Tu-Duc (le jeune chat de l'équipage, volé à Alger : une robe grise mouchetée, un air très fin, le bout de la queue et le dessous du cou blancs), lui et Tu-Duc sont peut-être les deux du bord qui m'aiment le plus. Ils se ressemblent d'ailleurs, malgré la différence de leurs dimensions : même démarche et même dandinement câlin, l'esprit aussi peu cultivé l'un que l'autre, tous deux absolument primesautiers. De mon hamac d'aloès je les vois, Tu-Duc et Sylvestre, entrer ou sortir, l'un portant l'autre, puis vaquer à leurs petites occupations dans ma chambre, parmi les bouddhas et les fleurs, avec la même souplesse silencieuse. Tu-Duc sait sauter quand on lui présente les mains en rond. Sylvestre, lui, ne sait pas; mais il écrit à sa grand'maman, en Goëlo, ce qui doit être bien plus difficile.

Nous n'avons plus très chaud, maintenant, dans notre Tourane; en plein jour seulement, mais le soir on sent très bien l'approche de l'hiver. L'îlot vert a perdu beaucoup de ses feuilles, et l'eau est devenue froide alentour. Des pluies, des journées sombres et courtes, comme en Bretagne les journées d'automne; c'est une tristesse que nous n'avions pas prévue. A la tombée des nuits, on a parfaitement cette impression de novembre, qui serre le cœur comme un frôlement de la mort, et on se met à songer aux bonnes veillées de France, — à des flambées joyeuses au foyer de famille...

Nous endurons, par notre propre étourderie, une foule de privations. Un dénuement complet de ces petites choses usuelles qu'on emporte de France, et que rien ne remplace quand elles sont épuisées. Plus un sou dans nos bourses, faute de communications avec le reste du monde. Et plus de savon à bord : notre linge lavé par nos matelots dans de l'eau saumâtre, et *sentant le chinois*.

La *Circé* est devenue par la force des événements, un réceptacle de toute sorte de monde : blessés, convalescents, interprètes, Matas annamites, naufragés tonkinois, pirates d'Haïnan, l'élément jaune nous envahit de plus en plus, et il faut fermer sa porte aujourd'hui comme dans un mauvais lieu. Mais c'est amusant de voir la désinvolture avec laquelle les matelots savent traiter ce peuple à longs cheveux.

VII

20 novembre 1883.

Plusieurs choses ont eu lieu depuis dix jours, choses héroïques ou baroques, divertissantes ou bêtes, et puis, les impressions du lendemain emportant celles peu profondes de la veille, le tout a passé sans laisser trace.

Un léger typhon, qui est venu rafraîchir notre air; des gens indifférents, qui sont morts et qu'on a enterrés; des nouvelles vagues; arrivées de nos camarades de la *compagnie de débarquement;* une ambassade et des cadeaux magnifiques, envoyés par notre gouvernement, en témoignage d'alliance, au roi d'Annam. (Cela s'est égaré en route; il a fallu courir après dans les villages.)

Aujourd'hui, calme lourd. Samedi, jour de

grand lavage à bord; midi, heure de sieste où, par hasard, je ne dors pas. Dans ma chambre, *ça sent le chinois*, une odeur qui nous a peu à peu imprégnés, nous, nos vêtements, nos bibelots, tout. Mes bouddhas, mes éléphants, mes hérons mystiques sont correctement alignés sur mes étagères, par les soins de mon matelot, comme pour une inspection.

Près de moi, le grand enfant Sylvestre fourbit consciencieusement une lampe de pagode, en tirant un peu la langue, à certains moments où ça devient difficile, — dans les recoins. Par mon sabord, on voit les hautes montagnes pointues de Kien-Cha, toujours les mêmes, avec leur air de chinoiserie; la nappe bleue de la mer reflétant le blanc soleil, et, sur ce miroir, les jonques en peuplades, — immobiles aujourd'hui comme de vilaines mouches mortes. Aucun bruit dans ce bateau, qui pourtant vibre au moindre son comme ferait une grande guitare. Par ma porte ouverte, c'est dans la batterie de la *Circé* que la vue plonge. Là, ça sent le chinois encore bien plus que chez moi; il y a par terre une couche d'objets étranges, de gens hétéroclites, confondus pour le moment dans le pesant sommeil de la sieste. Des sacs de soldats, des ballots de riz, des gamelles, des voiles; Tu-Duc, le chat, endormi en rond dans un gong; des matelots nus,

dormant, la tête sur leurs bras musculeux ; des
Chinois, étiques comme des fakirs, dormant tout
droits et tout raides dans leur robe de soie noire ;
de jeunes tirailleurs annamites, aux poses fémi-
nines, peignés en bandeaux, avec un *nœud
d'Apollon* sur la nuque, et coiffés d'un chapeau
bergère d'une forme Watteau, attaché sous le
chignon par un ruban rouge ; des pirates de l'île
d'Haïnan, dormant la bouche ouverte, montrant
leurs dents blanches ; — beaux types d'Asiatiques,
ceux-ci, les longues tresses noires de leurs cheveux enroulées en turban autour de leur tête
mâle ; — et puis de pauvres soldats, de pauvres
artilleurs blessés au feu ou épuisés par la dysenterie, haletant dans leur sommeil de fièvre...

Et à bord tout cela travaille, les malades
exceptés, pour remplacer la moitié de nos matelots que nous n'avons plus. Ce matin, à mon
commandement, tout cela *virait au cabestan*,
sous mes pieds, — le cabestan, l'énorme bobine
qui tourne comme les chevaux de bois à la foire.
— Tourne, les marins ; tourne, les bergères Watteau ; tourne, les Chinois empêtrés de leur queue ;
tourne, les Matas, les prisonniers, les pirates !...
Et ce pêle-mêle humain, indéfiniment brassé sur
place, était assez l'image de ce qui se passe en
grand dans cette extrême Asie...

VIII

Il y a, dans une région inhabitée de cette baie, une plaine mélancolique que nous visitons de temps en temps le soir. C'est là que dorment les morts de 1863; ils sont couchés dans cette terre rougeâtre, douze ou quinze cents Français, matelots ou soldats, emportés en un été par le typhus, lors de la première tentative d'occupation de ce pays. A peine voit-on encore les débris de leurs pauvres petites croix de bois, tombées sous les ronces et les lianes ; avec ces pluies chaudes, tout se consume ici très vite, et la nature verte y est plus dévorante qu'ailleurs.

Nos relations avec les gens de Tourane se maintiennent en apparence assez amicales. Le matin, dans la foule du marché, si nous nous mettons en colère par hasard, vite on nous fait *tchintchinn*, la révérence très humble; alors aucun moyen de ne pas rire, et nous voilà désarmés. Avec ce peuple vieillot et enfantin, on ne peut même pas se fâcher bien sérieusement.

De temps en temps, une reconnaissance dans les baies voisines, ou bien une course en canot après des jonques suspectes; autrement rien n'anime ces journées de blocus. L'ennui nous tient tous, et on n'entend presque plus chanter nos matelots.

IX

Le rêve prend ici une importance étrange, surtout pendant le lourd sommeil de midi. Il en
reste ensuite des images dépareillées, incohé-
rentes, le plus souvent fort mystérieuses, qui
vous poursuivent jusqu'au soir.

Aujourd'hui je revoyais la terrasse d'un vieux
domaine de campagne, — que j'aimais beaucoup
quand j'étais enfant. Dans le rêve, il faisait une
nuit d'été très chaude ; on dominait au loin des
plaines de bruyères. Il y avait près de moi un
groupe de jeunes filles qui portaient des costumes
d'époques fort différentes, bien qu'elles parus-
sent toutes à peu près du même âge.

Ces jeunes filles, c'étaient ma mère, mes
grand'mères, mes grand'tantes, très reconnais-

sables sans hésitation possible, bien que rajeunies jusqu'à seize ans, et vêtues de leurs toilettes surannées d'alors — il y avait même la petite dernière venue de notre famille, qui est en réalité très jeune, celle-ci, avec de longs cheveux blonds, — nullement surprises du reste de se trouver toutes ensemble, ni de me voir au milieu d'elles, et causant gaiement de choses d'autrefois.

Des vols de flamants roses, presque lumineux, passaient très haut dans le ciel, qui était pesant et sombre; on sentait des parfums d'été très suaves. Les pierres de cette terrasse étaient disjointes, moussues comme dans les ruines, et on y voyait courir des branches de jasmin, fleurettes démodées, que les jeunes filles du vieux temps mettaient à leur corsage.

Sur la plaine de bruyères, obscure et profonde, le ciel était devenu absolument noir, noir comme un drap de deuil, et maintenant quelque chose de sinistre, une sorte de disque blême, surgissait lentement du bout de l'horizon.

Elles dirent que c'était la lune, qui même s'était fait attendre, et, dans leur contentement de la voir, se mirent à rire d'une manière fraîche, qui n'avait rien du rire des fantômes.

Moi, je lui trouvais une figure inquiétante, à cette lune : en montant dans le ciel tout noir, elle s'élargissait démesurément et pâlissait toujours; elle se dissolvait peu à peu en un grand halo diaphane, en un cerne à peine visible.

Et, après celle-ci, une seconde parut, qui commença de surgir à la même place, comme sortant de la terre; alors j'eus peur, comprenant, même dans mon rêve, que j'assistais à un bouleversement de l'éternel Cosmos...

— Non, dirent-elles toutes; c'était prédit dans l'almanach des astronomes; et il y en aura encore deux autres.

En effet, deux autres lunes parurent ensemble, — et s'évanouirent aussi en grands halos troubles, donnant une lumière pâle et tremblotante; — j'avais vraiment très peur.

Elles riaient de moi : « Allons-nous-en, puisque cela l'ennuie. — Mais, comme il est peureux, pour un homme! » — Et nous nous en allâmes par une allée de hautes charmilles taillées en voûte, où il faisait de plus en plus chaud et sombre; — autant qu'on pouvait voir, c'étaient des aubépines, fleuries à profusion comme en mai.

Elles marchaient en avant, toujours aussi jeunes, toutes. Les plus anciennes avaient des robes Louis XV, ou Directoire, avec des tailles attachées très haut sous les bras, — comme dans les portraits datant de leur enfance. — Et voici que la petite dernière venue, — la vraiment jeune,

— accrocha tout à coup ses cheveux blonds dans les aubépines.

Elles s'arrêtèrent pour la secourir. Les boucles s'étaient enroulées comme des couleuvres autour d'une quantité de branches. C'était très long à démêler : un travail fatigant qui n'aboutissait pas et qui nous donnait encore plus chaud. Dans cette obscurité, ces mèches y mettaient de l'obstination ; il en poussait même de nouvelles qui s'entortillaient à mesure ; il y en avait, à la fin, qui s'élançaient avec un bruit de fusée pour aller se perdre je ne sais où, dans l'épaisseur des taillis.

— Il faut couper, couper, couper ; ça repoussera, dit une des étranges jeunes filles (une grand'tante que je n'ai connue que très vieille, octogénaire, mais qui était restée une personne vive, à idées brusques).

Elle coupa tout ras ; crac, crac, crac ! avec de grands ciseaux qui étaient pendus par une chaîne à sa ceinture. Et puis la bande reprit sa route, en sautant sur l'air : *Nous n'irons plus au bois !*

Nous arrivâmes, au bout du jardin, à un vieux kiosque tapissé de roses en espaliers, où elles entrèrent. Il n'y avait là que deux ou trois chaises, où s'assirent, après quelques cérémonies, les plus anciennes, — les manches à gigot et les tailles empire.

Toujours le chaud crépuscule d'été, les parfums de foins et de fleurs. Mais les jeunes filles ne chantaient plus, et leur assemblée avait pris tout à coup pour moi le caractère d'une chose extrêmement solennelle.

Celles qui étaient restées debout ouvrirent une armoire dissimulée dans l'épaisseur du mur et en tirèrent, pour me la montrer, une petite robe d'enfant qu'on avait cachée là... Relique de mort, ou présage de vie?... Elles me la présentaient, avec des sourires de mystère et de silence, et moi JE COMPRENAIS, et, en regardant cette petite robe, j'éprouvais une émotion douce, tendre, si poignante et si forte que je m'éveillai...

Alors ce fut fini; le charme rompu; le sens brisé et pour jamais impossible à ressaisir... Ce crépuscule d'été, ces jeunes filles, ce parfum de vieux temps, tout cela en moins d'une minute avait fui dans le monde instable et ténébreux des visions. Je retrouvais le grand jour de deux heures, ma chambre de bord et le pays d'exil.

Tu-Duc était là, qui dormait à mes pieds, et je vis aussi Sylvestre masquant ma fenêtre avec ses épaules larges : il achevait de conclure un important marché de bananes avec *La Lune*, qui se tenait dans sa pirogue à l'extérieur et dont on apercevait la grosse figure joufflue. Cette Lune (rien de commun avec celles trop nombreuses de mon rêve) est une marchande annamite, âgée de dix-huit ou vingt ans, qui vient chaque jour vendre des fruits le long de la *Circé;* elle répond à ce nom de La Lune, que les matelots lui ont donné parce qu'elle est toute ronde.

Avec des minauderies, elle allongeait son bras potelé, sa main jaune, et voulait compter elle-même ses cent sapèques, comme pour en éviter la peine à Sylvestre. Mais lui répondait à voix basse, de peur de m'éveiller : « Non pas, non; parce que, tu comprends, toi coquine, La Lune, toi voleuse... » Et il égrenait à regret le dernier chapelet de pièces de cuivre, qui représente à présent toute ma fortune.

(Je crois que c'est cette figure étonnée et comique de La Lune qui jette sur tout cela son reflet drôle; pour qui ne l'a pas vue, ma petite histoire ne veut rien dire.)

Derrière eux, un fond assez beau. C'était, dans la lumière claire, cette grande montagne où passe la route de Hué, cette *Porte des Nuages* qu'il faut franchir avant d'arriver à la ville du roi invisible; et puis toujours, sur la mer lourde, la foule des jonques...

... Jusqu'à la nuit, j'ai gardé l'impression de tendresse douce, profonde, inexpliquée et inexplicable, que m'avait apportée cette robe de petit enfant...

X

27 novembre 1883.

Une heure du matin. Au mouillage à l'entrée de la rivière de Hué, devant ce Thuan-an que nous avons brûlé au mois d'août. Depuis deux jours, nous *attendons l'embellie*, comme on dit en marine, pour faire passer, par-dessus ces éternels brisants, un convoi de vivres au corps d'occupation qui garde les forts.

L'embellie ne veut pas venir. Il fait calme pourtant et nuit étoilée; mais toujours la même houle, lente, énorme, qui ne se lasse pas. Nous roulons, nous roulons sans trêve, et on entend du côté de la plage le grondement continu des lames.

Dans cette ville de Hué, qui est là si proche,

un drame se joue cette nuit ; en ce moment même, cela se passe entre les murs de la dernière enceinte royale ; toute sorte de fureurs dilatent les petits yeux retroussés de ces personnages de cour que, sous peine de mort, il est défendu de voir. On détrône le roi qui avait signé le traité de paix, — et on lui coupe le cou fort probablement...

Ce soir, nous regardions à la longue-vue ce mirador du palais, qu'éclairait le soleil couchant, et la curiosité nous prenait d'assister, dans cette demeure impénétrable, à ces scènes entre invisibles.

C'est le parti de la guerre qui triomphe ; aux dernières nouvelles, l'évêché, la légation française, étaient menacés par la foule. Et pas moyen d'envoyer un seul homme à terre par-dessus ces lames creuses ; pas moyen non plus de bombarder au hasard, au milieu de tout ce monde où il y a des nôtres. Aussi nous restons là, ennuyés comme toujours et impuissants.

XI

1er décembre 1883.

Tout s'est arrangé encore une fois; avec le roi nouveau, le calme est revenu dans la ville murée, et nous voilà de retour chez nous, dans notre baie d'exil.

Aujourd'hui vient d'être érigée à Tourane la première enseigne écrite en français : *Shang-Hoo, fournisseur de la marine;* cela se lit sur une planchette au bout d'un long bâton; ce n'est presque rien, et déjà cela détonne au milieu de cette vieille petite ville de pagodes et de poussière.

A bord, ce Shang-Hoo a reçu de nos timoniers le nom de *Chinois vert,* à cause de la couleur habituelle de ses robes. Attiré dans le pays par notre présence, il est devenu peu à peu, avec une certaine grâce insinuante, notre familier indispensable. Fournisseur de tout, très accommodant, très fin, très jeune, très comique; soigneux de sa personne et de sa queue élégante; mince autant qu'un bambou et sentant le sandal.

Dans ses magasins improvisés, qui sont des hangars de roseau au bord de la rivière, s'empressent des employés très gras, la queue soyeuse, les bas bien tirés, le ventre nu, étalant avec complaisance leur obésité de magot. Un bouddha mural, également ventru, préside aux transactions. On vend du charbon de terre, des bœufs vivants, des chapelets de sapèques, des ballots de riz, des jarres de Sam-Chou. Cela *sent* beaucoup le *chinois* là dedans, comme nos matelots disent, et les hauts bambous agitent au-dessus leur feuillage grêle, où des moustiques dansent en nuées.

Madame Shang-Hoo, plus récemment arrivée de Canton, nonchalante et minaudière, a des yeux si retroussés, si retroussés, que ses prunelles, toujours agitées comme son éventail, semblent rouler de haut en bas; — titube perpétuellement sur ses pieds de poupée.

En combinant leurs deux figures, on se perd en suppositions sur ce que va être le minois d'un petit Shang-Hoo, dont la venue au monde nous est annoncée pour le mois prochain.

XII

... Au sommet d'une montagne, un jour de pluie. Du vide et du silence. Sous mes pieds, des pentes vertes dévalant vers la mer profonde.

J'étais en service là-haut, envoyé par le commandant pour faire un travail de triangulation, vérifier l'orientement du golfe.

Le *timonier des montres* m'assistait dans cette entreprise, et nous avions installé avec soin nos instruments de cuivre sur un rocher tapissé de fines fougères.

D'autres montagnes, encore plus élevées, nous surplombaient de leurs masses sombres, de leurs verdures suspendues; il en descendait de temps en temps des nuées grises qui, en passant, nous inondaient. Très silencieux et immobiles, nous baissions la tête sous les averses, attendant les éclaircies de l'horizon pour *relever* ces caps lointains qui se voilaient toujours sous des brumes nouvelles.

Dans cette attente, nos esprits s'en étaient allés fort loin. Le matelot, — un Landais, — rêvait à ses bois de pins sans doute. Quant à moi, je cherchais à me figurer que j'étais en Dalmatie ; l'illusion avait commencé d'elle-même, amenée par cet air vif des hauteurs, par ces immenses pentes boisées et cette mer au loin...

Les pays de Cattaro, les campagnes pastorales sur le versant de l'Adriatique, — vraiment ce coin de l'Asie y ressemblait. Des amaryllis rouges, fleurs chinoises, imitaient ces teintes éclatantes que les grenadiers de là-bas jettent sur les montagnes, et des arbustes à fleurettes blanches jouaient les buissons de myrtes.

En fermant à demi les yeux, pour regarder comme à travers un voile, je m'enfonçais peu à peu dans mon rêve, profondément. Elles se représentaient très nettes, très compliquées, très vivantes, mes impressions de ce pays-là ; elles se représentaient presque cruelles, avec la tristesse poignante des choses passées qui ne doivent jamais, jamais revenir... Le golfe de Cattaro, — un tiède automne un peu mélancolique, — des contemplations à la lisière des bois, — des

sommeils sous les myrtes, — et certaine petite
fille d'Herzégovine promenant chaque jour ses
moutons dans des solitudes tranquilles...

— Au milieu de ce silence de la montagne et
de l'espace, un léger bruissement tout à coup!
— Des mains assez fines, qui semblaient gantées
de gris, écartaient des branches, et on nous regardait : deux grands singes!... Espèce d'orangs,
à visage d'homme tout rose et à barbe blanche.
Ils devaient être depuis longtemps derrière nous;
ayant deviné que nous ne travaillions à rien de
méchant, ils nous examinaient avec une intense
curiosité humaine, en clignant très vite de leurs
yeux clairs.

Le matelot, sans même sourire, leur esquissa
une révérence, puis, de la main, leur fit un de
ces gestes aimables qui signifient dans toutes les
langues : « Mais, Messieurs, veuillez donc prendre
la peine, etc. Nous serons trop heureux... »

Cela les effraya, et, retombant à quatre pattes
comme de simples bêtes, ils partirent au galop.

Nous les suivîmes des yeux, dans leur fuite
parmi les jasmins et les buissons verts.

En courant, ils ne ressemblaient plus qu'à de
grands lévriers, n'ayant gardé d'humain que leur
tête inquiétante et leur barbe de vieillard.

XIII

... Des pas traînants sur les dalles, et le bruit d'un sanglot. — Il y avait longtemps que je me tenais tranquille dans un recoin obscur de cette pagode, m'embrouillant à dessiner les monstres, les chimères, tout le cauchemar qui courait sur la voûte. — Alors je tournai la tête vers la porte, pour voir qui allait entrer.

Une vieille, vieille femme, misérable et presque nue. Elle portait trois petites écuelles de riz et de poisson, trois petites chandelles roses. Elle était venue de loin sans doute; elle était comme brisée de fatigue, et son chagrin semblait affreux. Tout son avoir de pauvre vieille délaissée avait dû passer à acheter cette petite offrande qu'elle vint poser sur l'autel, devant le dieu souriant,

colossal, étincelant d'or. Et puis elle commença
de frapper le gong et de sonner la cloche
des Esprits, comme pour dire : « Viens voir,
Bouddha, ce que j'ai mis là pour toi; j'ai fait de
mon mieux pour ce cadeau; prends-moi en pitié,
aie compassion, accorde ce que je te demande... »

Les petites chandelles finissaient de se consumer, les mouches étaient descendues sur les
trois petites écuelles, mangeant l'offrande, — et
la pauvre vieille s'en allait.

Avec un cri déchirant, tout à coup elle se
retourna et revint vers l'autel. Quelque chose lui
disait qu'elle n'était pas exaucée, — et c'était
pourtant tout ce qu'elle avait pu faire, ce présent à son dieu. Elle revenait presque en courant, et battait le gong, et sonnait de toutes ses
forces, avec des sanglots, des cris d'angoisse. —
Boum! boum! boum! drelin! drelin! drelin! à
tour de bras, avec rage : « Bouddha, tu ne m'as
pas entendue, tu ne m'as pas seulement regardée;
ce n'est pas possible que tu restes si cruel, que
tu ne m'écoutes pas, que je sois une pauvre vieille
femme si malheureuse. » — Et ses larmes coulaient sur sa figure de parchemin jaune.

Sylvestre, — qui a en Bretagne une vieille
grand'mère très pauvre, — se leva le premier

pour lui offrir tout ce qu'il portait sur lui, environ cinq francs en sapèques. Moi aussi je lui donnai ma bourse, et elle nous remercia toute confuse avec de grands *tchintchinn*. C'était bien quelque chose certainement, cette fortune inattendue; mais tout de même, non, elle n'était pas consolée. Elle nous l'exprima par signes : elle était venue demander une autre faveur, qui dépassait le pouvoir des pitiés humaines...

XIV

Journée agitée. Grand vent d'est, ciel sombre. Devant Thuan-an depuis deux jours. Ce matin, au lever du soleil, ce mouillage n'étant plus tenable, il a fallu déraper par grosse mer, — manœuvre dangereuse, — puis nous réfugier à Tourane, notre abri coutumier.

Et moi je faisais mon quart, assez dur pourtant, avec plus d'*affection* qu'à l'ordinaire, me demandant tristement si ce ne serait pas pour la dernière fois...

C'est qu'un paquebot, passé hier, m'a apporté un ordre bien inattendu de rappel à Paris. La *Corrèze* est le transport qui me ramènera en France; en revenant d'Ha-long, elle s'arrêtera

à Tourane le temps de me prendre, — et on nous
annonce son passage pour demain! — Toujours
précipitées, les choses de marine.

A deux heures, nous sommes rentrés dans
notre baie de Tourane, où la mer est tranquille.
Alors, au plus vite, il faut faire ses malles. Tout
est sens dessus dessous dans ma chambre. Des
caisses, mandées en hâte au *Chinois vert*, arrivent dans un sampan, et Sylvestre se démène,
ayant très chaud; ils sont trois autres qui tra-
vaillent sous ses ordres à des emballages compliqués, s'étant mis tout nus pour être plus à l'aise.

La nuit vient et me trouve prêt. Prêt à suivre
ma destinée et à dire adieu à tous mes pauvres
compagnons d'exil. Je les regrette bien tous...
Et je m'endors assez tard, bouleversé par ce
changement brusque dans ma vie.

Samedi, 15 décembre 1883

Éveillé de grand matin par un gabier qui
chante sous mon sabord un vieil air de Bretagne,
très monotone, d'une tristesse d'autrefois. Temps
calme, pur, exquis, de plus en plus rare en cette
saison, en ce pays des nuages et des averses. Les
montagnes irisées, la mer très bleue; c'est bien
le resplendissement doux, la vraie limpidité pro-

fonde des tropiques, et cela repose, après ces coups de vent et ces pluies.

Plus rien à faire; j'ai remis mon service, mes malles sont fermées, Sylvestre a fini d'emmailloter mes bouddhas et mes magots, qui sont en tenue de voyage, prêts à me suivre.

Je crois que, dans ma vie surmenée, je n'avais encore jamais connu de départ si calme. Tout le jour, je veille l'horizon, l'échappée sur le large, guettant cette *Corrèze* qui va venir me chercher, — et rien ne paraît, rien que la peuplade des jonques aux ailes blanches.

Shang-Hoo, le *Chinois vert*, arrive sur le soir pour prendre congé, dans un superbe costume de soie brochée qu'il a reçu de Canton pour la saison fraîche.

Quand le soleil baisse, il fait presque froid et on a parfaitement la sensation de décembre. Pas de *Corrèze;* encore une nuit à passer dans cette baie, entre ces sombres montagnes qui m'ont tenu prisonnier durant cinq mois et que sans doute je ne viendrai jamais revoir. A la tombée de cette dernière nuit, je les regarde un peu tristement... C'est drôle, comme on finit par s'attacher à tout... Sur le jaune pâle du couchant, elles sont absolument noires, même les plus lointaines; on n'a plus les notions des distances, on dirait une seule et même dentelure d'ardoise debout en silhouette sur le fond glacial d'un ciel d'hiver.

Cette *Corrèze*, d'après nos calculs, devait au moins arriver aujourd'hui ; elle est bien en retard. Ce sera certainement pour demain matin.

Après le branle-bas du soir, je reçois dans ma chambre des visites d'amis du « carré », — pour des recommandations, des commissions en France, des adieux. — Le dernier qui m'arrive, sur les neuf heures, c'est Sylvestre, soi-disant pour voir s'il n'y a rien à ranger. Il m'apporte très timidement une petite image qui lui venait de sa première communion et qui était un peu son amulette : « Si vous vouliez l'emporter, cap'-taine, pour souvenir ? » — Il pense aussi qu'elle me protégera ; c'est que, ce rappel en France... lui et mes braves gabiers, qui n'ont pas trop compris, se sont imaginé je ne sais quoi de ce qui va m'arriver, de ce qu'on va me faire...

J'ai serré précieusement son pauvre petit cadeau. Cela représente un enfant à genoux au milieu d'une tempête bien noire, avec la légende : « Les grandes eaux m'avaient environné, mais vous m'avez secouru, ô mon Dieu ! »

Après, je l'ai fait asseoir un moment, comme en visite lui aussi, et nous avons parlé de la Bretagne. Puisque j'ai quelquefois affaire du côté de son pays de Goëlo, il est convenu que j'irai le voir dans la chaumière de sa grand'maman à Ploubazlanec. C'est justement tout près de Plouherzel, le village d'Yves, à une demi-heure de marche de l'autre côté du pont de Lézardrieux; je l'avertirai par une lettre, et lui viendra au-devant de moi jusqu'à l'entrée de ce pont.

Alors je le vois très rêveur : elle est si lointaine, regardée d'ici, cette Bretagne!... Être de retour dans son village, sous le ciel gris, et venir au-devant de moi, m'attendre au pont de Lézardrieux, est-ce que vraiment cela arrivera jamais? C'est étrange à penser tout cela, quand on est en Annam, et qu'il y a comme un voile sur le pays si aimé...

Et puis il s'inquiète tout à coup de cette réception qu'il faudra me faire et dit, en baissant la tête, — tout à fait à la manière de mon frère Yves : — « Chez nous, vous savez..., c'est un toit de paille. » — Pauvre grand enfant! à cet aveu du toit de paille, je lui serre la main et je l'envoie se coucher. S'il savait comme je les aime, les toits de chaume, les vieux toits bretons!...

Elle arrive dans la nuit, cette *Corrèze* qui doit m'emporter. Je suis réveillé par le bruit des grands remous qu'elle fait en passant près de la *Circé* et par le chant des sondeurs. Allons, c'est bien le départ, cette fois, la fin de cette étape de

ma vie; et toutes les fins sont tristes — même
celle de l'exil, à ce qu'il paraît.

Dimanche, 16 décembre 1883.

Un temps encore splendide. Dès le matin, c'est
l'agitation des derniers préparatifs du départ; à
neuf heures, la *Corrèze* doit appareiller. Ils sont
là, tous mes fidèles, Sylvestre et mes gabiers, se
gênant les uns les autres pour finir de corder mes
bagages; faisant queue à ma porte pour me dire
adieu. Cela fait du bien de se sentir regretté par
de si braves enfants.

Les camarades du « carré » m'embrassent; il y
en a de mal éveillés, habillés à la diable pour me
reconduire, — et, quand il faut franchir cette
coupée, descendre dans le canot qui m'attend,
j'éprouve un cruel serrement de cœur.

La *Corrèze* est en appareillage, déjà presque en
marche, quand une jonque, celle du mandarin, se
dépêche d'arriver en faisant des signes pour qu'on
l'attende : c'est le *Chinois vert* qui m'envoie des
boîtes d'un certain thé très fin pour la route.

Nous passons près de la *Circé*, où l'équipage
est en rang sur le pont, à l'inspection du dimanche
matin. Des casquettes d'officiers, des bonnets de
matelots s'agitent pour me dire adieu, et je me

sens triste à pleurer quand tout cela s'éloigne, — quand la baie de Tourane se referme lentement derrière ses montagnes familières, — quand la mâture de la *Circé*, longtemps suivie des yeux, finit par disparaître.

XV

Cela s'enfuit très vite, s'efface dans le bleu. Avant midi, nous sommes au large.

Alors vient cette paix de la mer, de la mer qui change et anéantit tout; c'est comme un trait final tiré à jamais sur ce temps qui vient de s'accomplir. Et, au milieu de cette paix-là, voici que, dans ma tête, la *Circé* et la baie de Tourane s'effondrent brusquement, s'évanouissent comme dans un extrême lointain, me laissant à peine un souvenir.

Je savais bien que cela passerait, mais cette rapidité me confond. En somme, il n'y a jamais eu que l'amour qui ait pu m'attacher d'une façon un peu durable à certains lieux de la terre...

. . . .

UNE RELACHE DE TROIS HEURES

GRANDE ROUTE DE CHINE EN FRANCE

... Neuf heures du soir, dans un café où tout est ouvert et où il fait très chaud. Des tables douteuses, sentant l'anis et l'eau-de-vie. Des murs d'un blanc sale, ornés de chromolithographies représentant la reine Victoria et sa famille. Deux filles blondes, deux *bar-maids*, se multiplient, avec mille grâces, autour de quelques messieurs basanés, en veston blanc, qui parlent différentes langues d'Europe. — Il fait très chaud, très chaud; autour des lampes à pétrole accrochées au plafond, bourdonnent des moustiques et des phalènes. Un garçon anglais tourne la manivelle d'un piano mécanique d'où sort un air connu d'opérette; — et cela semble détonner beaucoup avec une rumeur plus étrange qui arrive du dehors.

Par la devanture grande ouverte, deux ou trois kilomètres de rue droite, avec un flot de voitures, des milliers de lanternes, un torrent qui roule.

On dirait le boulevard parisien, un soir d'été. — On regarde, et on s'étonne de voir passer des gens en robe de magot, sentant l'opium et le musc, et puis beaucoup de dos nus, à peau jaune, avec des queues qui pendent... De près, tout cela qui jouait l'Europe, n'est qu'un bizarre et immonde grouillement chinois!... Les trois quarts de ces équipages rapides, en guise de chevaux, sont attelés d'hommes coureurs : ceux qui traînent, Chinois, nus, la queue roulée en chignon, le chapeau taillé en abat-jour; ceux qui se font traîner, Chinois aussi, la queue au vent, se carrant avec des éventails. Chinoises, les boutiques; chinoises, les lanternes peintes; chinoises, les voix, les clameurs, les disputes. — Tout cela jaune, empressé, rapace, simiesque et obscène. — Une chaleur lourde d'orage; des odeurs de sueur humaine, de fruits fermentés, de comestibles repoussants étalés par terre; d'encens qui brûle et de fientes; — et le musc dominant tout, d'une façon irritante, écœurante, insoutenable...

Cette ville, c'est Singapour. Dans la foule passent aussi des Indiens beaux comme des dieux, des Malabars, des Malais, des Parsis, des Anglais en casque de liège, des matelots de toutes les marines, et des dames galantes exportées par le Japon; mais, au milieu de la fourmilière chinoise, ils sont comme noyés et perdus.

Le long de la grande rue centrale, les temples de tout ce monde se dressent sous le ciel éternellement lourd : pagodes hindoues à mystérieuses figures; pagodes de Chine à diableries horribles; mosquées musulmanes; églises du Christ, protestantes ou romaines... toutes, côte à côte, dans une inquiétante fraternité que des policemen anglais sont chargés de maintenir.

Dix heures du soir. — Un estaminet à musique. — Il est construit en bois, mais dans des proportions monumentales, avec une colonnade sévère imitant en dérision un temple grec. Un orchestre de femmes hongroises y exécute bruyamment une valse de Strauss. Après, c'est une Bordelaise qui vient dire sur l'estrade sa chanson de barrière. Et des Indiens marchands d'oiseaux circulent parmi les tables des buveurs de pale-ale, offrant des bengalis, d'étonnants perroquets, et des perruches multicolores que l'on croirait peintes.

Deux cents mètres plus loin, un square paisible; des *misses* s'y promènent sur une pelouse verte, tondue à l'anglaise. Au milieu, une grande église au clocher noir, d'un style saxon. — Mais dans l'air, il y a des pesanteurs accablantes, et des vols de lucioles...

Onze heures du soir. — A deux pas des voitures et de la foule, la grande cour qui entoure la pagode hindoue est vide et silencieuse. Il y fait clair de lune, — un de ces clairs de lune de l'Équateur, qui sont comme un grand jour rose. La pagode dessine, sous cette lumière d'une nuance rare, ses dômes multiples qui sont faits de rangées et de pyramides de dieux; avec ses grandes ombres bleuâtres, elle semble légère comme une chose enchantée qui peut disparaître; on la dirait imprégnée d'essences surnaturelles, et une tranquillité religieuse règne alentour. — On se sent fort loin de toute cette Chine abjecte qui grouille dehors. — Par les portes ouvertes du sanctuaire, on voit des lampes suspendues qui brûlent. Des dieux à grandes têtes méchantes apparaissent aussi tout au fond, entourés de symboles inconnus; il y a devant eux des jonchées de fleurs sans tige répandant un parfum de jasmin et de tubéreuse.

Trois ou quatre Indiens sont là qui veillent, jeunes hommes à peine vêtus d'un pagne court, avec des chevelures de fille tombées très bas sur les épaules; ils ont l'expression sauvage, et le blanc de leurs yeux ressemble à de l'émail. Leur figure est belle et leurs joues sont imberbes; mais, sur leur poitrine ronde, croît une révoltante fourrure noire; leur ensemble étonne et repousse : on dirait qu'ils tiennent de la femme, du singe et du fauve.

Dans ce voisinage des dieux, ils causent et ils rient, très librement, comme des familiers.

L'un d'eux prend une brassée de fleurs de jasmin enfilées en guirlandes, et traverse la cour, sous la claire lune rose. Il s'en va jusqu'à une sorte de chapelle, très petite et solitaire, où est reléguée une idole qui paraît plus ancienne. C'est un dieu à six bras, avec une haute coiffure et de gros yeux de verre, l'expression sinistre et féroce, l'attitude vivante, contournée, tourmentée; il est là tout seul, en compagnie d'une petite lampe qu'on a par déférence allumée devant lui.

Et l'éphèbe pose à ses pieds, dans un plat par terre, ses fleurs de jasmin, sans seulement le regarder, comme on porterait à une bête sa nourriture...

Minuit. — Les dernières maisons de Singapour et ses dernières lumières ont disparu derrière un repli du sol; c'est la pleine campagne, la pleine verdure. Aux portes mêmes de la ville commence le fouillis vert, puissant, inextricable, qui couvre toute cette presqu'île malaise.

Quelle nuit il fait, et comme c'est beau! Des arbres qui jouent nos chênes, nos peupliers, nos magnolias, mais dans des proportions très agrandies; et puis — ils sont couverts de larges fleurs odorantes.

Et des fougères, et des palmiers! — Des palmiers affectant toutes les formes, et luisant sous la lune comme des feuillages de métal; d'abord les cocotiers aux immenses palmes majestueuses; puis les arékiers portant des bouquets de plumes frisées, à d'extrêmes hauteurs, tout au bout de longues tiges frêles, fines et droites comme des joncs de marais. Et les plus étranges de tous, les *arbres-du-voyageur*, au grandes feuilles très symétriquement déployées sur un seul plan, comme la queue d'un dindon qui fait la roue, — semblables à de gigantesques écrans de Chine plantés dans les bois. Et toute cette verdure si verte que, même à minuit, sous cette lumière rose de la lune, elle est encore d'un vert merveilleux.

Le chemin était bien solitaire. Mais voici, du bout de la voûte de branches, les lanternes de plusieurs voitures qui arrivent grand train, sans le moindre bruit de chevaux.

Elles passent. Elles sont toutes petites; chacune montée par un matelot anglais en tenue blanche, et attelée d'un Chinois nu, haletant de fatigue.

Évidemment ils font une joute, ces marins, ils tiennent une gageure au premier rendu : très corrects et graves, ils excitent leurs coureurs de louage par de petits cris, des appels de langue et des battements de mains.

Eux passés, disparus, tout retombe dans la tranquillité mystérieuse de minuit. On y voit trouble, comme à travers une buée verte, sous ces voûtes d'arbres qui tamisent de la lumière douce ; mais de temps en temps de clairs rayons de lune descendent d'en haut, par des trouées, éclairant des découpures de fougères, ou de grandes palmes admirables, immobiles comme dans un jardin de féerie.

Oh ! ce silence, cette splendeur, cette musique légère de cigales, ces senteurs de terre, d'aromates, de fleurs !

Et toujours l'odeur irritante du musc dominant tout, même en plein bois. Tout est musqué, dans ce pays malais, jusqu'à des bêtes nocturnes pareilles à des rats, qui à chaque minute traversent le chemin très vite, en faisant tout d'un coup : « couïc ! couïc ! couïc ! » avec des petites voix joyeuses d'oiseaux, et laissent dans l'air lourd la traînée musquée de leur odeur...

MAHÉ DES INDES

I

Un petit pays tranquille sous une voûte de palmes.

La voûte est ininterrompue, jetée en velum sans fin au-dessus des gens et des choses. Les palmes géantes laissent à peine des trouées sur le ciel, par où des rayons descendent; elles s'enchevêtrent et se froissent, les unes déployées comme d'admirables plumes d'amazone, les autres arrangées en bouquets frisés comme des panaches, — ou bien penchées, retombantes. Et cette voûte se tient très haut en l'air, supportée légèrement par de longues tiges frêles qui ont des flexibilités de roseau; on circule dessous, dans une ombre qui est éternelle, dans une transparente nuit verte.

— Le soir, vers cinq heures, je débarque là sur
du sable, à l'embouchure d'une mince rivière qui
fait comme une coupée, comme une baie sinueuse
dans l'épaisseur de ces arbres. Je reviens de
loin — de l'extrême Asie — ayant presque oublié
ce charme, cette splendeur de l'Inde; alors c'est
un enchantement de retrouver tout cela, qui est
unique et incomparable. Le soleil, déjà bas, illu-
mine en couleur toute cette rivière par laquelle
j'arrive; les palmes qu'il touche sont dorées, dorées
étonnamment, et l'air est comme rempli d'or en
poussière. Sur les berges des deux rives, aux pieds
de ces palmiers qui font d'immenses rideaux verts,
des groupes d'Indiens regardent mon canot
accoster; ils sont posés superbement comme des
dieux, drapés dans des voiles blancs, rouges ou
orangés; eux, et leurs arbres, et leur pays, et leur
ciel, tout semble baigné dans une lumière d'apothéose.

Une maison à véranda, bien blanche avec des
contrevents verts, est là campée au bord de l'eau
sur un rocher qui fait promontoire, — maison
assez belle, très ancienne, datant de la *Compagnie
des Indes :* c'est le *Gouvernement* de cette colonie
ombreuse.

Quelques pas sur le sable, et j'entre dans un

jardin bas dépendant de cette résidence, au-dessus duquel, comme partout, la voûte de verdure est tendue. Sous cette ombre délicieuse, on dirait le jardinet d'une fée : fleurs inconnues, feuillages aussi éclatants que des fleurs, violets, rouges, mouchetés de blanc et de jaune, comme peints à plaisir. Les petites allées droites à la mode d'autrefois, les banquettes de pierre verdies par la mousse, ont un air vieillot, abandonné, — comme dans ces domaines de campagne dont les maîtres sont morts et où l'on ne va plus.

Le jardin franchi, le portail refermé, voici devant moi quelque chose comme une rue, qui fait péniblement sa percée dans les palmes ; on croirait voir un de nos villages du midi de la France, très vieux et un peu désert, qu'on aurait transplanté là et qui y serait écrasé par la puissante sève tropicale. Les palmiers superbes mettent tout dans l'ombre ; mais ils sont encore invraisemblablement dorés à leur cime par le soleil couchant ; — et comme elles sont basses, les maisonnettes, auprès de leurs longues tiges élancées !... Il y a une petite mairie avec le drapeau tricolore, des cipayes bronzés, en veste rouge, montant la garde à la porte ; il y a un petit hôtel drôle, pour je ne sais quels voyageurs ; une petite maison d'école, de petites boutiques où des Indiens vendent des bananes et des épices. Après, il n'y a plus rien ; cela est prolongé par des avenues d'arbres, cela se perd dans des profondeurs vertes. La terre est rouge comme de la sanguine, faisant paraître plus éclatante et surnaturelle la couleur des feuillages. En haut, les échappées de ciel, aperçues çà et là dans les intervalles des palmes, sont étincelantes de lumière, paraissent d'une extrême profondeur. Et entre ces arbres flexibles, qui balancent au-dessus des chemins leurs grands bouquets de plumes, des nuées de gerfauts passent et repassent en jetant des cris rauques. Une vie exubérante et magnifique est dans la nature, dans les bêtes et les plantes ; mais la petite ville enfouie là-dessous semble morte.

Les gens qu'on rencontre dans ces chemins d'ombre sont tous beaux, calmes, nobles, avec de grands yeux de velours, — de ces yeux de l'Inde au mystérieux charme noir. Le torse à demi nu, ils sont drapés à l'antique dans leurs mousselines blanches ou rouges. Les femmes, aux allures de déesse, montrant d'admirables gorges fauves qui semblent des copies en bronze, presque exagérées, des marbres grecs. Les hommes, la poitrine bombée et la taille mince comme elles ; seulement les épaules plus larges ; la barbe d'un noir bleu, frisée à l'antique. Ils disent bonjour en français, comme les paysans de chez nous, ayant l'air fiers d'être restés des nôtres; on voit qu'ils ont envie de s'arrêter et de causer; ceux qui savent un peu notre langue sourient et engagent la conversation — sur la guerre, sur les affaires de Chine, disant : *nos matelots, nos soldats...* C'est inattendu et étrange. Oui, on est bien en France ici. — Alors je me rappelle, une fois, au tribunal de Saïgon, un de ces Indiens accusé de je ne sais quel méfait, répondant à un magistrat corse qui le traitait de sauvage : « Nous étions Français deux cents ans avant vous... »

On rencontre aussi des espèces de chars couverts, chacun traîné par deux bœufs blancs à bosse de chameau, à longue figure atone et bizarre. Ce sont les seuls attelages de cette région; ils mènent à Tellichery ou à Cannanore, les villes de l'Inde anglaise les plus voisines.

Il y a une quantité de larges routes qui se croisent, sous le couvert des palmes, comme feraient les rues d'une ville. Presque toutes sont encaissées dans la terre, — d'autant plus humides et ombreuses; les deux talus qui les bordent, tapissés d'exquises fougères, d'exquises mousses. Dans la futaie touffue, on retrouve les vestiges des murailles qui entouraient la ville de Mahé, du temps où elle était grande; les ruines de ses portes dans le style Louis XIV, les ruines de ses ponts-levis. En effet tout est vieux dans cette colonie aujourd'hui presque déserte ; elle a un passé, comme nos villes d'Occident, et ces souvenirs du grand siècle, qui dorment sous de magnifiques suaires de verdure, lui donnent une mélancolie à part.

Les passants sont de différentes castes et de différentes couleurs ; les uns bistrés seulement, le blanc de leurs grands yeux teinté de bleuâtre ; d'autres presque noirs, l'air sauvage, mais beaux, eux aussi, de l'incomparable beauté indienne. En voici même quelques-uns (des notables du pays sans doute) qui portent le costume européen et qui ralentissent leur marche quand nous nous croisons, comme des enfants pour se faire regarder. Cela leur va bien mal et c'est dommage ; les femmes surtout, avec leurs toilettes, seraient très ridicules, sans ces regards qu'elles ont, qui arrêtent toute envie de sourire et que l'on cueille au passage comme de mystérieuses fleurs de ténèbres.

Sous bois, éparses au hasard, sont les cases indigènes, entourées de bananiers, de lantanas fleuris, d'hibiscus rouges, de toute une végétation qui fait jardin enchanté, à l'ombre, au-dessous de l'éternelle voûte des palmes vertes. Maison-

nettes dont les murs sont blancs, les fenêtres
sans vitres, grillées de larges barreaux ; au dedans,
on y voit à peine, à cause de l'épaisseur des feuillages ; c'est nu et presque vide. Mais il y a toujours, sur une table, un encrier de nacre et des
papiers ; — là s'écrivent, comme choses banales
et courantes, ces vieux mots de l'Inde qui remon-
tent aux commencements du monde et que nos
savants étudient pour y chercher les origines de
nos langues d'Occident.

... Le jour s'en va, la lumière baisse à vue
d'œil. Encore un peu d'or, qui traîne çà et là sur
les cimes des palmiers, et puis ces derniers reflets
s'éteignent, la « nuit verte » s'assombrit partout
et une sorte de tristesse arrive dans ces avenues
d'arbres qui se font plus solitaires. Près de moi
passe une fille aux joues légèrement bronzées,
vêtue d'une robe bleue européenne. Avec sa toilette démodée, sa taille svelte et ses cheveux en
boucles noires, elle me donne l'impression d'une
de ces jeunes créoles des romans d'autrefois —
quelque « Virginie » ou quelque « Cora », — et
je la suis des yeux avec un intérêt mélancolique.
Ce n'était sans doute qu'une très pauvre fille
indienne, car elle entre sous bois, se glisse comme
chez elle dans une cabane enfouie parmi les
branches, et disparaît là, dans le silence et l'obscurité de ce gîte isolé...

Ensuite c'est un homme qui me croise, en me frôlant presque, avec la légèreté silencieuse d'un fauve, dans le chemin de moins en moins éclairé. Il est d'une autre caste, celui-ci, d'une autre race plus primitive : presque nu, avec des couteaux dans sa ceinture, la peau très foncée, la poitrine couverte d'une fourrure aussi drue que le poil d'un ours. Il s'arrête à un palmier immense, plus long et plus droit qu'un mât de navire, et se met à y monter des pieds et des mains, très vite, comme ayant quelque affaire pressée à terminer là-haut avant la nuit. — Bien étrangement près du singe, celui-ci!... Je le perds de vue dans la voûte des palmes, qui est déjà toute noire...

Au dernier crépuscule, quand je reviens à la rivière pour me rembarquer dans mon canot, des enfants à longs cheveux, la taille prise dans des pagnes très serrés, m'entourent pour me vendre des éventails de vétiver, des oranges, des bouquets que je ne vois plus très bien — mais qui sentent la tubéreuse et autre chose de capiteux et d'exquis.

En quelques coups d'aviron, nous avons franchi la barre de ce fleuve en miniature. Alors la mer s'étend devant nous comme une solitude de nacre verte — d'une nacre à reflets très changeants et qui serait lumineuse par elle-même.

Les bouquets que ces petits m'ont vendus sentent plus fort dans l'obscurité, à mesure que la terre s'éloigne avec ses autres exhalaisons troublantes; nous devons laisser derrière nous sur l'eau, en traînée suave, cette odeur de tubéreuse.

L'horizon, rouge à la base, puis violet, puis vert, puis couleur d'acier, couleur de paon, est nuancé par bandes comme un arc-en-ciel. Les étoiles brillent tellement qu'on les dirait ce soir rapprochées de la terre et, du point où s'est couché le soleil, partent encore de grandes gerbes de rayons, très nets, très accusés, qui traversent toute la voûte immense, comme des zodiaques roses tracés dans une sphère bleu sombre. Voici qu'il fait nuit, et cependant c'est partout comme une illumination magique, comme une fête de lumière.

II

Samedi 2 janvier.

Mahé n'a pas de rade et, à cause des bas-fonds, nous avons dû hier, en arrivant, nous arrêter et mouiller à trois milles au large; nous sommes là en pleine mer, en pleine eau bleue, non point dans l'Inde, mais seulement dans le voisinage de l'Inde; nous apercevons, comme choses presque lointaines, la ligne de ses forêts et les découpures irisées de ses grandes montagnes.

Temps calme aujourd'hui, très faible brise qui gonfle à peine les voiles des canots. Ayant quitté le bord à midi, à la rage du soleil, je ne mets pied à terre qu'à deux heures.

Deux heures, c'est encore l'accablement du milieu du jour et la petite ville dort sous son écrasante verdure; mais l'ombre est si épaisse qu'on a presque une impression de fraîcheur à l'abri de ces palmiers.

Sur la route de Cannanore, que j'ai prise au hasard, suivi de deux Indiens causeurs, j'entends tout à coup partir d'un jardin une étonnante musique. — Ce sont des noces, paraît-il, qui se célèbrent là avec beaucoup de cérémonial; il y a une troupe de danseurs gagés, venus de Cannanore, qui vont exécuter des danses d'ensemble; et je puis entrer, m'assure-t-on, je serai le bienvenu, car les mariés sont des *Français comme moi* ainsi que toute leur famille, bien que leur maison se trouve située en dehors de notre colonie, sur la terre anglaise.

Ce jardin est recouvert de voiles blancs, attachés aux tiges des grands palmiers par des guirlandes de feuillage. La maison paraît au fond et, en côté, sur une estrade, sont assis des hommes qui ont des colliers d'or et des vêtements de mousseline. Ce sont les invités de la fête, des gens quelconques, habitant les cases d'alentour; cependant on dirait une assemblée de dieux, tant leurs figures sont belles et reposées, leurs attitudes nobles,

leurs yeux grands et profonds. Ils portent une
draperie légère, nouée sur une de leurs épaules et
laissant nus leurs bras, avec une moitié de leur
torse admirable. Sur eux tombe, à travers la
tente, à travers la voûte plus haute des palmes,
ce reflet d'or, cette éternelle clarté d'apothéose
qui est la lumière de tous les jours dans l'Inde.
Ils me font asseoir à une place d'honneur — et
j'ai honte, moi, auprès de ces gens-là, de ma
veste étriquée à un rang de boutons, de mon chapeau large, de l'aspect que j'ai conscience d'avoir...
Dans la maison se tiennent les femmes, à demi
voilées, à demi cachées, nous regardant par les
fenêtres. Il fait une chaleur irrespirable au milieu
de cette foule; il semble que cette lumière d'or,
qui est répandue partout et qui est si belle, soit
une incandescence de l'air. Des parfums musqués
sortent du sol, des plantes, des arbres, des Indiens
qui m'entourent.

Cela commence par une danse d'enfants, très
lente, sur un rythme triste marqué par des cymbales. Une trentaine de petits danseurs, qui
s'étaient rangés en cercle, s'ébranlent doucement
— et tournent — le regard éteint, comme en
sommeil. Ils portent à la main gauche un bouclier,
à la main droite un glaive large et court. Gar-

çons ou filles?... Au premier abord, on ne sait pas. Mais ils sont jolis tous, avec leurs grands yeux frangés de cils noirs. Les cheveux bouclés, attachés aux tempes par une bandelette à l'antique, puis retombant épars sur les épaules, jusqu'à la ceinture. La poitrine grasse et bombée, la taille étonnamment fine, prise d'ailleurs dans des pagnes très longs serrés en gaine. — Silhouettes trop sveltes, ayant quelque chose de pas naturel, ressemblant aux personnages hiératiques des bas-reliefs égyptiens; ils sont l'explication de ces vieilles peintures de l'Inde où l'on voit des êtres très beaux, d'un sexe ambigu, ayant la poitrine ronde, pas de reins, la taille mince à se briser, une grâce moitié mystique et moitié sensuelle.

... Au début, ce n'était qu'une sorte de marche cadencée, avec un chant grave; peu à peu, cela s'accélère, cela s'accélère beaucoup. Tous les boucliers se heurtent en mesure avec un bruit sec; les glaives, avec un son clair de métal. A tout instant, il y a des changements brusques de rythme et de mélodie. Plus vite, toujours plus vite; ces voix d'enfants, qui d'abord chantaient avec douceur, commencent à hurler d'une manière sinistre, comme des voix de démons. — Toujours plus vite, et les boucliers se heurtent plus fort. A l'orchestre aussi, c'est maintenant une fièvre ; les joueurs de tambours s'agitent avec frénésie ; ceux qui soufflent dans des flûtes de bois ont les joues tendues, les veines gonflées, les yeux injectés de sang. On dirait un crescendo de cornemuses enragées courant après des cymbales. Un vieil homme à figure de sorcier, qui menait la danse rien qu'avec des signes, vient de prendre une patte de bête emmanchée d'un bâton et, rendu comme furieux lui-même, les yeux hors des orbites, frappe de droite et de gauche, à tour de bras, sur les fesses des petits retardataires, qui bondissent plus haut, qui hurlent plus fort. On ne distingue plus rien, qu'un pêle-mêle de petits bras, de petites jambes, de petits corps qui se tordent, de chevelures affolées qui s'allongent comme des serpents noirs. On suit, en haletant soi-même, avec une sorte d'angoisse, cette exaspération croissante de mouvement et de bruit. Cela est devenu une clameur stridente qui déchire, un tourbillon, un vertige, une chose de l'enfer...

— Et puis brusquement cela s'arrête, — tout court — danses, musique — subitement apaisé, figé, silencieux. La figure est finie ; le plus tranquillement du monde, les petits exécutants s'essuient le front et le vieux meneur, redevenu très paternel, les fait boire.

Ensuite paraissent des éphèbes, presque des

hommes faits, qui se groupent en rond comme les enfants de tout à l'heure. Comme eux aussi, ils ont la taille mince, les seins saillants, de longs cheveux d'un noir lustré et, dans les moindres gestes, une grâce féminine exquise ; ils sont tous d'une extrême beauté, musclés mieux que des antiques, avec des attaches plus délicates.

Dans la première partie nonchalante de leur danse, il y a des arrêts pleins de langueur, des attitudes pâmées, mourantes. — Leur crescendo est terrible, — et, vers la fin, à leur paroxysme de frénésie, quelque chose d'érotique se mêle. — Puis tout à coup, les voici qui se révèlent de surprenants clowns : lancés tous à la fois, comme par un immense tremplin, ils pivotent sur eux-mêmes, tête en bas, dans le vide, retombent debout, et recommencent indéfiniment leurs sauts au bruit d'une musique sans nom, qui fait peur. On en voit qui semblent couchés dans l'air et tournent sur eux-mêmes, le corps horizontal, comme dans une espèce de chute perpétuelle, se soutenant à force de vitesse, en repoussant de temps à autre la terre d'un coup de jambe nerveuse ; se soutenant contre toutes les notions que l'on avait sur l'équilibre des êtres. Leurs grands cheveux déroulent leurs anneaux noirs comme sur des têtes de furie. Le choc précipité de leurs pieds nus fait trembler le sol, qui résonne sourdement en cadence. A les regarder, la tête se perd; toutes ces exhalaisons chaudes, cet air lourd saturé de parfums, cette lumière d'or dans laquelle les choses sont baignées, cette voûte de palmes qui vous écrase, ces sons déchirants de cornemuses, les contorsions de ces chairs, le vertige de ce mouvement, — tout cela vous a pris peu à peu comme une ivresse; — la tête se perd et on s'alanguit, dans l'excès de ce bruit, sans plus rien voir...

C'est plus grand qu'on ne pense, ce Mahé. En se promenant dans les avenues vertes, on découvre peu à peu des quartiers qu'on ne soupçonnait pas d'abord, tant ils étaient bien cachés sous les palmiers : une église, bâtie sur une place — ou plutôt dans une clairière du bois; un presbytère, paisible et campagnard; un petit couvent avec des bonnes sœurs; puis quelques hautes maisons, habitées à présent par des Indiens pauvres, mais ayant gardé du vieux temps un certain grand air.

L'église est d'un aspect un peu simple, un peu *colonial*, sous sa couche de chaux blanche; mais elle est assez vieille pour avoir déjà un charme de *passé* et porter au recueillement comme celles de nos villages de France.

Ensuite, un quartier tout indien, animé, presque bruyant, des groupes où l'on chante, un grand éclat de draperies blanches ou rouges jetées sur des torses fauves; — des boutiques de fruits, de courges, de pagnes et d'éventails; — un marché aux poissons, étalé par terre — toujours sur cette terre couleur de sanguine — et là, des disputes de poissardes indiennes, ridées, ratatinées, affreuses, ayant des gorges qui pendent comme des mamelles de chèvres noires, comme des sacs vides, ayant des anneaux passés dans le nez, qui leur déchirent les narines...

La nuit tombante me prend plus loin, au quartier plus sauvage des pêcheurs. C'est à la grande plage, devant les brisants, — en face de l'océan Indien qui déroule son étendue infinie, sans une île au large, sans un récif, sans une voile; il est remué ce soir par un vent tiède soufflant de l'ouest, et mon navire apparaît au fond, très loin, à peine visible, seul, perdu tout au bout de cette agitation bleue. — Voici des pêcheurs nus, aux bras de bronze, qui traînent une longue pirogue vers la mer, l'apprêtent pour quelque expédition nocturne, — et la lancent dans les lames mugissantes — où elle est bientôt hors de vue. Autour de moi, il y a des huttes de roseau qui me rappellent je ne sais quoi de déjà connu ailleurs; il y a de grands cocotiers frêles qui se balancent au vent marin, avec un bruit déjà entendu autrefois, déjà familier. Et je marche sur un sol semé de

palmes desséchées, de galets noirs, de rameaux
de corail... Comme tout cela ressemble à la Poly-
nésie!!... Alors, un frisson me passe et je m'arrête, sentant quelque chose d'invisible m'étreindre... Ressouvenir très poignant, très rapide,
très vite effacé : encore ce charme et cette tristesse des plages d'Océanie — que je n'ai jamais su
rendre par des mots, — que j'ai fini par oublier
avec les années, — mais qui revient de loin en
loin, me troubler mystérieusement...

III

Le dimanche 3 janvier.

A quatre heures, quand j'ai fini mon quart, tous les canots du bord sont partis. Pour aller à terre aujourd'hui, je vais donc fréter une des pirogues indiennes qui sont venues jusqu'à nous pour apporter des cocos à l'équipage.

Pirogue longue, mince, taillée en flèche, « volage » (comme on dit en marine des bateaux instables qu'un souffle emporte ou chavire) et déjà pleine d'eau. Il y aura trois milles à faire là dedans, avec des pagayes, contre de petites lames frisées qui sautillent; cela va durer plus d'une heure. — Tant pis! Je m'embarque et je m'installe. — On a juste sa largeur pour s'asseoir dans cette coque effilée.

Nous partons avec de grands cris et les embruns nous arrosent. — Mais, au bout de cent mètres, les pagayeurs semblent réfléchir et s'arrêtent : voilà, on m'a accepté bien volontiers comme passager voyageur, cependant, avant d'aller plus loin, on aimerait savoir combien j'ai l'intention de payer...

Quand j'ai promis de donner une *roupie* — ou peut-être plus si les pagayes vont vite, cela devient de l'enthousiasme : on m'abrite sous un grand parasol, on m'évente, — on va même s'efforcer de me distraire par des chansons.

L'Indien qui est chargé de me les chanter s'accroupit en face de moi, bien près, bien près, à gêner mes mouvements. Nous sommes tous deux assis dans l'eau, sur le fond même de l'étroite pirogue, nous touchant des genoux. Nos yeux sont plus bas que les petites lames bleues qui dansent alentour : nous circulons au milieu d'elles, — dans leur intimité, si l'on peut dire, — les voyant le plus souvent par en dessous, comme des gens couchés sur l'eau, comme des nageurs. On dirait qu'on y a délayé de l'indigo, tant elles sont d'une couleur vive. Quelquefois il en passe aussi de très grosses, qui arrivent à notre rencontre comme des montagnes de lapis, nous cachant pour un temps cette belle ligne verte là-bas — qui est l'Inde.

Les chansons de l'Indien sont longues, toujours recommencées; les pagayes, fendant l'eau, les accompagnent. Il me les chante en s'approchant tant qu'il peut, il me les crie dans la figure, ouvrant bien grande sa bouche, montrant jusqu'au fond sa denture blanche; je sens sur mes joues son souffle, qui a quelque chose de l'odeur musquée des serpents. A certains passages, ce n'est plus un chant, c'est une sorte de hurlement, par saccades rapides, pendant lequel ses dents se choquent très vite comme s'il tremblait. Alors il a un air très sauvage et, malgré sa beauté, semble un grand singe.

Au lieu d'entrer dans la petite rivière, comme c'était l'habitude, nous accosterons, paraît-il, devant le village des pêcheurs, dans les brisants, à la grande plage. — Je laisse faire, la manœuvre ne me regardant pas aujourd'hui. — Nous allons assez vite, secoués par les grands coups de pagaye, balancés par les lames bleues, sentant le brûlant soleil sur nos têtes.

... Les brisants, la plage! — Ils descendent tous dans l'eau, mes Indiens, avec de grands cris; lancent leur pirogue sur le corail, m'étendent leurs bras comme une rampe, et je saute à terre, dans un éclaboussement d'écume.

Cinq heures et demie du soir. — Le soleil, déjà bas sur la mer, éclaire par en dessous les palmiers ; sur toutes leurs longues tiges grises, il y a comme un reflet d'incendie. La lumière est toujours d'or mais à cette heure elle est d'un or rouge, plus surprenant que l'or du matin et que l'or de la journée. Trois personnages, qui sortent de dessous bois, s'avancent à ma rencontre pour me voir : deux vieux à barbe blanche, à figure noble, drapés comme les saints de nos églises, — et une jeune fille, la gorge nue, étrangement belle, portant une corbeille de fruits sur la tête.

En les regardant venir du fond de ce décor merveilleux, dans ce rayonnement doré, je songe à quelque scène du passé préhistorique le plus lointain : c'est ainsi qu'en imagination je me représentais autrefois les premiers âges du monde où tout était beau et tranquille, où les êtres et les choses avaient un resplendissement que nous ne connaissons plus.

Sans but, erré au crépuscule dans les avenues ombreuses qui mènent au Gouvernement. C'est dimanche soir, et, dans ce quartier presque européen, des gens se promènent, *endimanchés*, des Indiens, des Indiennes, vêtus de costumes français ; des messieurs en paletot noir, des dames en chapeau à plumes et à fleurs. Et cela rappelle bien la promenade d'après vêpres dans nos toutes petites villes de France. C'est curieux comme, à certains moments, tous les pays arrivent à se ressembler, comme partout les choses sont pareilles, comme l'espèce humaine est une, et la Terre petite...

Parmi tous ces enfants, qui sortent des cases et s'attachent à mes pas comme des mouches, il y en a deux que je consens à garder près de moi pour *guides*, touché par leurs instances. Ce sont deux frères, de dix à douze ans; ils disent en français : « Vois-tu, Monsieur, nous sommes des orphelins, nous sommes très pauvres; tu nous donneras ce que tu voudras, nous serons contents. » Ils parlent à peu près bien, prononçant lentement, avec un accent bizarre. Ils sont très gentils et semblent en effet très pauvres, n'ayant pour s'habiller que des petits pagnes tout en lambeaux. — C'est convenu, ils me suivront dans mes promenades, l'un à ma droite, l'autre à ma gauche, jusqu'à l'heure de mon départ.

La nuit vient toujours vite sous toutes ces grandes palmes. Dans la rue unique et dans les chemins qui avoisinent le Gouvernement, on allume des lanternes à pétrole au bout de perches en bois ; cela complète ce faux air, qu'a Mahé, d'être une petite ville française envahie par la verdure exotique.

Il y a une sorte d'immense avenue, qu'on n'éclaire pas, celle-ci, mais où il fait encore un peu jour parce qu'elle est large d'au moins cent mètres ; c'est comme une clairière taillée droit dans la forêt de palmiers, et qui mène à la terre anglaise. Juste au milieu de cette route gigantesque, court un petit sentier en bosse, bien étroit, pour les passants. (Le reste, des deux côtés, est en rizières inondées, pleines d'eau.) — Et ce soir, c'est là, sur cette levée, que les gens de Mahé se promènent, au grand air libre ; sans doute cela les repose de ce sous-bois perpétuel où ils vivent. A cette heure crépusculaire, les champs de riz ressemblent à nos champs de France avant la moisson et, comme beaucoup de ces promeneurs sont en costume européen, cet ensemble de choses continue de donner une impression de dimanche campagnard, de rappeler la flânerie des soirs de juin, dans nos villages français au milieu des blés. Voici les bonnes sœurs de l'école qui passent aussi, suivies d'une rangée de petites Indiennes marchant deux par deux bien correctement : — des amours de diablotins fauves, très amusants à regarder. Je les croise de près, ces écolières, dans le sentier en relief qui ne permet pas d'écart; elles ont des petites poitrines déjà formées, des petites tournures parfaites. Toutes, l'une après l'autre, lèvent vers moi leurs beaux yeux, qui sont profonds comme des abîmes noirs et qui m'en disent très long : « C'est pour rire que nous sommes bien sages, bien coiffées dans des bonnets de linge; c'est pour rire, ça ne durera pas; nous sommes du sang des bayadères et des apsâras, et nous comptons prendre la volée dans quelque temps, dès que nous serons assez grandes. » — Elles sont passées, sans désordre, sans bruit, ayant repris, de loin, leur air de nonnains. Drôle de petit cortège qu'elles ont là, ces pauvres bonnes sœurs, et qui leur donnera du mal plus tard...

De chaque côté de cet espace vide au milieu duquel nous nous promenons, s'étend, comme un magnifique rideau sombre, la lisière des bois de palmiers où il doit faire déjà nuit close. Les cigales chantent; le ciel est d'une nuance pourprée tout à fait extraordinaire, comme si on y brûlait des feux de Bengale, et les étoiles qui commencent à briller ressemblent à de petits feux verts semés sur un fond rouge.

Je m'étais fait des amis hier, dans ces parages, et je reviens les voir : deux vieux Indiens qui tiennent au bord du bois une toute petite boutique de bananes et d'épices. A qui peuvent-ils bien les vendre? Personne ne passe devant leur maisonnette isolée; il y a la rizière entre eux et la levée où sont les quelques promeneurs. J'arrive, avec mes deux guides inséparables; on me reconnaît, et vite on choisit les plus belles bananes pour me les faire manger. Ensuite on m'installe sur une natte devant la porte et on allume la lampe suspendue — qui est en cuivre et d'une forme antique, à plusieurs branches formant une étoile.

Cette case, si petite, si infime au pied des grands arbres, est posée sur cinq ou six assises de pierres en gradins, comme un temple. Mes deux guides s'asseyent au-dessous de moi sur ces marches. On commence à ne plus y voir. Les passants, plus rares là-bas sur la levée, ne sont plus que des formes indécises, noires ou blanches. Le ciel est resté rose et rouge, avec toutes ses étoiles allumées dessus, et la lisière des bois de palmiers se découpe sur cette lueur d'en haut en séries de plumes noires. Les cigales chantent partout dans les champs de riz. Il fait presque frais. Des phalènes et des moustiques viennent bourdonner autour de la lampe suspendue, dans laquelle on ajoute de temps en temps un peu d'huile de coco avec une cuiller à long manche. Presque plus personne ne passe; le lieu devient très solitaire. Mais des enfants arrivent pour me voir; je ne sais d'où ils sortent ces petits, — sans doute du bois qui est derrière nous. Ils s'asseyent à mes pieds sur ces marches, levant la tête pour me regarder. A tout instant il en arrive de nouveaux, ne faisant pas de bruit avec leurs pieds nus; accourant très légers, avec quelque draperie blanche qui flotte au vent sur leurs membres bruns; ils apparaissent et se posent sans rien dire, comme de grandes libellules nocturnes, comme de grandes sauterelles qui s'abattent. Ils sont bien une vingtaine à présent, étagés au-dessous de moi. — Toujours les longues plumes noires des palmiers se découpent sur le ciel de la nuit où les teintes rouges finissent de mourir; une vapeur fraîche se lève de la rizière et s'étend sur toute l'avenue comme une fumée blanche qui flotterait au ras du sol sur les herbages.

Ils chuchotent tout bas entre eux, les petits, en indien, se disant leurs impressions sur moi sans doute. Et puis ils complotent quelque chose pour m'étonner, je vois bien cela, et pour me demander des sous, après, en récompense — qu'est-ce que ça va être?...

Tout à coup l'un d'eux, d'une dizaine d'années, se lève, grave, tousse un peu, comme qui va dire un monologue, et commence, en se faisant une grosse voix de perroquet, rauque, comique :

La raison du plus fort est toujours la meilleure.
Nous l'allons prouver tout à l'heure...

Oh! pour étonné, je le suis. C'est même tellement inattendu et impayable que, si je n'étais pas seul, j'en aurais le fou rire. Mais seul, on ne rit jamais qu'en soi-même.

Et ils m'observent tous, pour voir l'effet que ça m'a produit. Il n'en sait pas plus long, par exemple; il s'arrête court, comme un merle qui a sifflé le commencement d'une chanson; à son école, il n'a encore été que jusque-là... Et mes petits guides me donnent l'avis que je ferais bien de lui offrir une pièce d'au moins dix sous, pour son savoir et sa peine.

C'est étrange d'entendre tous ces enfants parler à peu près notre langue et se faire un honneur d'être de notre pays.

... Je m'en vais. Il commence à faire triste, dans ce lieu isolé et noir. Et, d'ailleurs, j'ai presque froid en vêtements de toile blanche assis sur ces pierres.

Je prends congé de tous ces petits *Français*

qui voudraient bien me faire cortège, gardant seulement mes deux guides. Pour les utiliser à quelque chose, je leur demande s'il n'y aurait point de pagode à visiter dans les environs; je n'en ai aperçu nulle part.

Précisément il y en a une tout près, où ils vont me conduire à l'instant, bien qu'il fasse nuit. C'est une pagode de leur religion à eux, une pagode *Tiss* (car ils ne sont ni chrétiens, ni musulmans, ces deux petits; non, ils sont *Tiss* et ils me répètent le mot, très surpris que j'aie l'air d'ignorer ce que c'est).

D'abord nous suivons le bord du bois, qui nous surplombe comme une haute muraille noire penchée sur nos têtes; nous marchons sur le versant d'une espèce de talus où nos pieds glissent dans l'obscurité, plongeant de temps en temps dans la boue liquide de la rizière. Et puis nous entrons en pleine futaie, par quelque chose qui doit être un sentier; alors nous voilà sous la voûte des palmes, dans la nuit épaisse, dans la nuit absolue. Ils me mènent chacun par une main, comme deux petits chiens très intelligents, très doux, mèneraient un aveugle et je m'abandonne, allant du pas hésitant de quelqu'un qui marcherait les yeux bandés. Ils me mènent avec des précautions infinies et une adresse de Peaux-Rouges, me maintenant toujours au milieu du sentier, tandis que leurs pieds s'enchevêtrent dans les grandes plantes des bords, ou s'enfoncent dans des trous. Il y a des choses qu'on entend fuir devant nous dans l'épaisseur des feuillages, lézards ou oiseaux, ou bêtes quelconques qui dormaient et à qui nous faisons peur. Quelquefois je sens qu'ils me font passer sur une mince planche tandis que leurs pieds barbotent bruyamment dans l'eau : un petit pont, jeté sur un ruisseau qui traversait le chemin. Il fait si complètement noir, que j'aime mieux fermer les yeux. Des branches, des herbes folles me fouettent la figure. Et toujours cette odeur chaude, musquée, qui monte de la terre, qui devient troublante dès qu'on est sous bois.

Ils prétendent que nous arrivons. Alors je regarde et, à travers la dentelle des feuilles, j'aperçois une quantité étonnante de lumières qui scintillent, qui tremblotent, comme près de s'éteindre ; — des lumières si discrètes, si petites qu'on dirait des feux d'insectes. Elles sont d'ailleurs disposées très régulièrement en quinconces ; on croirait voir un grand damier, éclairé à tous ses angles par des vers luisants.

C'est la pagode, disent-ils, c'est la façade qui est illuminée de cette façon étrange.

Nous entrons dans une petite clairière, où tombe d'en haut la lueur des étoiles, et cela

repose, après l'obscurité profonde et l'étouffement
de ce bois. La pagode est là devant nous, avec son
illumination mystérieuse, qui tremble à tous les
souffles imperceptibles de la nuit et qui continue
de s'éteindre. C'est une pagode bien humble, bien
basse, une cabane en vieux bois vermoulu. Dans
les planches du mur, des espèces de cuillers en
fer sont piquées par le manche, à intervalles
réguliers, garnissant tout depuis la base jusqu'à
la toiture; elles sont remplies d'huile et, dans
chacune d'elles, trempe une mèche cirée, fine
comme une tige d'herbe, — qui achève de se
consumer.

Il n'y a personne alentour et, sans doute, personne au-dedans non plus, car la porte en est
verrouillée. Qui donc est venu allumer tous ces
petits feux, si peu durables, qui semblent faits
pour n'avoir que quelques minutes de vie? Pour
quelle cérémonie furtive, ces préparatifs d'un
moment? Ils ne peuvent pas trop me dire, mes
petits guides : *On fait ça souvent, le soir... quand
on a quelque chose à demander...*

Cela s'éteint, s'éteint... Nous allons nous
retrouver dans la nuit noire.

Avant, les petits voudraient pourtant bien me
montrer l'intérieur de leur temple, les idoles qui
l'habitent. Et les voilà secouant cette vieille porte,
se déchirant les ongles à ses ferrures; — elle

résiste, il faut y renoncer. A la muraille, les lumignons mourants s'éteignent toujours, — comment faire? Faute de mieux, ils tiendraient au moins à me présenter un dieu, un ancien, qu'on a relégué au rebut derrière le temple... Même celui-ci, ils ne le retrouvent plus... Ah! je le vois, ou plutôt je le devine; ce doit être cette forme d'affreux gnome, accroupie là par terre, adossée au mur. — Avec l'une des dernières petites mèches qui brillent encore, prise dans leurs doigts au risque de se brûler, ils l'éclairent sous le menton et je distingue une figure horrible, rudimentaire, deux rangées de dents, un front et des yeux tout mangés par les poux de bois. A côté, des fragments de sculpture tombés dans l'herbe, ayant l'air de débris de monstres, de jambes, de mâchoires...

Encore autre chose à me montrer, vite, vite. Ils sont familiers du lieu, cela se voit. Pendant que le plus petit, très agité, les doigts pleins d'huile, choisit, çà et là, dans les cuillers du mur, les bouts de mèche qui peuvent encore être rallumés, le frère aîné se hisse sur ses orteils, grimpe, et va fouiller sous les solives du toit... Enfin il a mis la main sur le personnage qu'il cherchait ; un tout petit monstre, en bois toujours, grossier, fruste, ayant vaguement une tête d'éléphant sur un corps d'homme. Ils lui rient au nez, tous deux, et puis se dépêchent de le refourrer dans son trou. Qu'est-ce qu'il fait là, ce dieu, pourquoi loge-t-il sous les toits, avec les nids d'oiseaux?...

Ils ont réussi à pêcher d'autres petites mèches ; ils les allumeront l'une après l'autre en route et, si nous nous sauvons tout de suite, cet éclairage nous mènera à travers le bois, jusqu'à la grande avenue d'où nous sommes partis.

Ça éclaire à peine, ces petits lumignons drôles, qu'ils secouent avec des gestes de chats échaudés ; cela nous montre de temps en temps quelque forme de feuille, le dessous d'une palme, ou bien quelque fleur d'orchis, détachée tout à coup sur le sombre fond vert.

Et puis, crac, ils jettent la dernière dans l'herbe, se brûlant pour tout de bon. Et nous voilà plus à plaindre que jamais, nos six yeux ensemble n'y voyant plus du tout à présent; ils s'embrouillent, mes guides, et me mènent en plein fourré impénétrable, quelque part où j'ai les pieds dans l'eau et le corps entravé par des branches...

. . . .

Nous voilà tout de même tirés de peine et revenus aux belles allées droites des quartiers civilisés.

Dans ces avenues, on voit çà et là se promener de grands feux, sans cesse balancés d'un mouvement qui les attise. Ce sont les passants qui s'éclairent ainsi, à la mode ancienne de l'Inde : une touffe de branches enflammées que l'on tient à la main et que l'on secoue en marchant, à longs balancements de bras, pour en aviver la flamme. Dans toutes les directions, se croisent ces feux, qui s'agitent, qui laissent dans l'air une fumée odorante.

Encore une heure au moins avant le moment où mon canot doit venir, à l'embouchure de la rivière, me prendre, pour la traversée nocturne de chaque soir,

Plus rien à faire d'ici là. J'ai payé mes petits guides dont je n'ai plus besoin ; mais ils veulent rester près de moi jusqu'à la fin, par désintéressement, par affection.

Devant l'église, au milieu de la grande place découverte, il y a un banc de pierre sous un arbre. Un arbre qui, par extraordinaire n'est pas un palmier, mais ressemble presque, la nuit, à un de nos beaux chênes de France. Je m'assieds là pour attendre, mes petits compagnons à côté de moi.

Autour de cette place, d'autres arbres font des rideaux noirs dans lesquels on ne reconnaît aucun détail, rien qui indique une région précise de la Terre. Et cette église qui se dresse, tranquille et blanche sous les étoiles, me fait songer à l'un de ces villages où je passais les étés de mon enfance. Ces deux petits, qui sont près de moi, me contant des histoires, parlent notre langue — et beaucoup de nos petits paysans s'expriment moins bien qu'eux. L'herbe sent bon, les grillons chantent — comme chez nous, dans la splendeur des nuits de juin... Oh! la belle nuit étoilée, la nuit tranquille, la nuit pleine de clartés douces, la nuit merveilleuse!... Et dire que ce banc de pierre, sur lequel je me repose dans un calme si délicieux, est situé en un pays lointain, perdu, où les hasards de la vie m'ont amené pour un jour et où sans doute je ne reviendrai plus. C'est étrange pourtant comme il ressemble à certain autre banc, où je m'asseyais jadis, il y a très longtemps, le soir, à la belle étoile...

Ce repos dans l'obscurité, cet air tiède, ces senteurs d'herbe, comme tout cela me rappelle nettement les soirs des premiers étés de ma vie, à la campagne, près des bois... Dans le chemin devant nous, des gens passent, frôlant l'herbe; nous les voyons à peine, leur costume ne se distingue plus, mais nous entendons le *bonsoir* qu'ils nous disent. Des chariots passent aussi, traînés par des bœufs et conduits par des hommes à pied; à cette heure on ne voit pas que ce sont des chariots bizarres, des bêtes étrangères à longue figure drôle, des Indiens bruns à grands yeux et à boucles d'oreille; non, cela ressemble à nos charrettes revenant des champs; on dirait aussi bien le retour de nos vendanges ou de nos moissons... Je me sens de plus en plus plonger dans une sorte de rêve du *pays*, assis au pied de cet arbre exotique, qui est devenu pour moi un chêne de Saintonge; — au-dessus de ma tête, à travers son branchage noir, je vois briller une multitude de petites choses scintillantes qui sont des étoiles. De tant de souvenirs, entassés en chaos dans ma mémoire, ce sont bien les plus lointains qui persistent à me revenir en ce moment, ceux des étés de ma première enfance.

A cette époque-là, c'est très certain, les étés de notre pays n'étaient pas ternes et fugitifs comme à présent; ils duraient, ils avaient surtout une splendeur sereine qu'ils ont perdue. Les crépuscules de juin, je m'en souviens bien, avaient une langueur tiède, — et les nuits, une transparence!... C'était comme une espèce de rayonnement mystérieux répandu dans l'obscurité, — c'était comme ce soir!... J'avais oublié tout cela; mais voici que je le retrouve autour de moi, — je le reconnais... Seulement les vers luisants de Saintonge demeuraient tranquilles parmi les herbes, tandis qu'ici ils voltigent en rond follement; l'air est rempli de leurs petites étincelles

de phosphore ; c'est la seule différence appré-
ciable, tout le reste est pareil... Mais qui donc
a pu éteindre ces beaux étés d'autrefois et comment ai-je oublié, avec les années, l'impression
d'enchantement qu'ils me causaient? C'est à
peine si, de loin en loin, j'en retrouve la trace
effacée dans ma tête... Quelle différence entre
ceux d'aujourd'hui qui sont pâles et courts, et les
premiers que j'ai passés sur la terre, qui
m'enivraient...

Nous commençons à entendre, dans le lointain,
quelque chose comme un bruit de tambour; puis,
bientôt après, des chants rauques, une sorte de
chœur rapide, — et enfin, tout à coup, dans le
rideau noir des arbres, une des grandes avenues
qu'on ne voyait plus semble s'ouvrir, se creuser,
éclairée au fond, là-bas, par une quantité de
brandons enflammés qu'agitent des bras humains.
Les chants se rapprochent. C'est une troupe de
gens qui arrivent. Maintenant on aperçoit toute
la voûte de l'avenue, une voûte de palmes, illuminée en dessous par toutes les flammes rouges
que ces gens remuent en marchant.
— C'est une noce, monsieur! — disent les petits,
— une noce de notre religion, monsieur, une noce
de *Tiss,* — et nous pouvons *y aller pour voir!*

Y aller? non, je ne m'en soucie guère; elle a dérangé mon rêve, cette noce, et je lui en veux.

La voilà tout près; — elle passe devant nous. Il y a des espèces d'éventails au bout de hampes, comme dans les défilés égyptiens; au-dessus des mariés, il y a de grands parasols que, par pompe, on tient ouverts en pleine nuit. Des gens, des costumes, entrevus à la lueur changeante des torches, à la flamme des branches qui brûlent. Des mousselines blanches jetées au hasard sur des épaules cuivrées, voilant à peine des gorges admirables; des torses qui se cambrent et se balancent sur des tailles minces; des pagnes serrés, plaquant sur des cuisses; des draperies dont les couleurs voyantes sont combinées dans le goût de l'Inde. Les couples se tiennent par la main, ou par la ceinture, enlacés; on les dirait ivres d'ardeur amoureuse, ivres aussi de cris et de musique. Ils chantent avec frénésie; les têtes sont renversées en arrière, les bouches grandes ouvertes. Entendu de près, leur chant strident déchire...

Non, je n'ai pas envie de les *suivre pour voir*. Au contraire, malgré leur beauté, j'aimerais mieux ne pas les avoir vus du tout. C'est que mon rêve avait un charme tout à fait rare et exquis. Vraiment je me retrouvais petit enfant, je ressaisissais les impressions oubliées, délicieuses, inexprimables que me causaient mes premières nuits d'été. Il y avait un abîme entre le moi que j'étais redevenu — et eux qui passaient.

Je voudrais rester sur ce banc et rattraper tout cela qu'ils ont fait évanouir...

Impossible, la senteur musquée de leurs corps a troublé l'air; leur bruit a tout emporté.

Envolé, mon petit rêve tranquille de *pays* et d'enfance. A quoi donc avais-je la tête? Le *pays* est loin, et toutes les choses fraîches, exquises, du commencement de la vie sont finies pour jamais. — Ici, c'est l'Inde; c'est dans l'Inde que je suis, dans l'Inde des poitrines de bronze et des beaux yeux de velours noir, — dans l'Inde chaude, exubérante, splendide !... Eh bien, oui alors, je les suivrai, *j'irai pour voir...*

Et je me lève, impatient de me mêler à ce cortège, — qui est déjà loin, hors de vue, — mais que nous rattraperons, disent les petits, par un chemin qu'ils connaissent, par une traverse, — si nous partons tout de suite, si nous courons...

OBOCK

EN PASSANT

Le jour se lève. C'est dans le golfe d'Aden —
une région éternellement chaude et une région de
mirages.

Devant nous (qui revenons de l'Inde sous un
inaltérable ciel bleu) l'horizon est comme fermé
maintenant par des voiles lourds, d'un gris vio-
lacé et presque noir.

Pour des yeux de marins exercés à connaître
de loin les terres, il y a des terres là-dessous,
assurément; sans les voir, on les devine à je ne
sais quoi d'opaque et d'immobile qu'ont ces
nuages. Il y a même plus que des îles évidemment; on aurait beau n'en être pas prévenu, on
s'en douterait : ceci, qui ternit le ciel par un tel
amoncellement de vapeurs, doit être massif,

puissant, immense; on sent dans ces lointains les grands contours, les lignes infinies d'un continent.

Un continent en effet — et le plus profond, le plus immuable de tous : l'Afrique.

On s'approche; alors, au premier plan, se dessine et s'éclaire une espèce de falaise droite, unie, monotone. Elle est en sable durci et raviné; au soleil matinal, elle paraît d'une teinte rose, éclatante sur ces fonds d'ombre intense. Par derrière, du côté de l'intérieur, le rideau obscur persiste, s'accentue; des nuages, des montagnes sont là, brouillés, confondus dans du sombre profond; c'est comme une sorte de chaos trouble où couveraient tous les orages de la terre. On suit des yeux la falaise miroitante qui est la première assise de ce sol; elle s'en va à perte de vue, toujours la même, triste, inutile, morte, — et, rien qu'en la regardant fuir, on a conscience de l'énormité de ce continent des déserts à qui l'espace ne coûte pas; on a l'impression de l'immense Afrique, chaude et désolée.

Il y a çà et là quelques broussailles, que l'on distingue en s'approchant davantage; des arbustes ayant forme de petits bouquets ronds, de petits parasols. La verdure en est pâle, tournée au bleu comme par un excès de soleil qui l'aurait fanée, — et on les croirait transparents, tant leur feuillage est léger et grêle.

Le pays où nous arrivons est celui des Dankalis, dépendant du sultan de Tadjoura, et, en
redescendant un peu le long de cette côte, nous
trouverons l'établissement français d'Obock.

Il apparaît bientôt, dans une vapeur lumineuse
qu'agite sans cesse un tremblement de mirage.
C'est d'abord une grande construction neuve à
véranda comme celles d'Aden, visible de loin
avec sa blancheur sur ces sables. Bâtie par la
compagnie qui fournit du charbon aux navires
de passage, elle est là unique, un peu surprenante
par son air de confort et de sécurité au milieu de
ce pays maudit.

Ensuite un enclos à murailles de terre séchée,
avec, au milieu, les débris cornus d'une tour;
on dirait déjà d'une ruine très ancienne, de quelque vieille mosquée détruite, — et cela ne compte
pas trois ans d'existence! C'était la première
habitation du résident français, construite en
manière de donjon arabe, qui, une belle nuit
de l'an dernier, s'est éboulée pendant une inon-
dation descendue tout à coup des montagnes
d'Abyssinie.

Un petit village, un hameau africain vient
après; il est du même gris roux que la terre et le
sable, il a été calciné par le même soleil. Ses
huttes en paillassons, toutes basses, ressemblent
à des nids de bêtes. De loin, on voit remuer là,

comme d'étranges poupées, quatre ou cinq personnages en costumes éclatants, robes de couleur rouge, orange ou blanche d'où s'échappent de longs bras noirs, — et puis d'autres tout nus, qui ont des silhouettes de singe.

Et enfin là-bas, sur une espèce de cap, des maisonnettes bien neuves, avec toitures de tuiles rouges ; dix ou douze en tout, symétriquement rangées, ayant un air d'usine ou de cité ouvrière. C'est l'Obock officiel, l'Obock du gouverneur et de la garnison, qui détonne bien piètrement sur la désolation grandiose d'alentour.

Nous mouillons en eau très calme, dans ce qu'on appelle le *port d'Obock*. C'est bien un *port* en effet, un abri assez sûr contre les houles du large ; mais on ne le dirait pas à première vue, car la ceinture de corail qui le protège est à fleur d'eau, traçant à peine un cerne verdâtre sur tout le bleu immobile de la mer.

Nous sommes en l'un des points les plus chauds du monde. Il est huit heures du matin à peine, et on éprouve déjà aux joues, aux tempes, une sensation cuisante comme si on était près d'un grand feu, — et il y a sur la mer, sur les sables rapprochés qui éblouissent, une terrible réverbération de soleil. Mais c'est une chaleur

sèche, presque saine si on la compare à ces humidités de chaudière que nous avons laissées derrière nous en Cochinchine et en Annam ; les vents
qui soufflent ici, d'où qu'ils viennent, ont passé
sur les grands déserts sans eau de l'Afrique ou de
l'Arabie ; on sent que cet air est pur et, si l'on
peut dire, vivifiant.

Un court trajet en canot, sur une eau tiède —
au-dessus d'un vrai jardin de madrépores, — et
nous mettons pied à terre, sur un sol rosé qui
brûle ; puis, par un sentier de sable, nous voici
sur une sorte d'esplanade dominant la mer, au
milieu des maisonnettes à toits rouges, dans
l'Obock des Européens.

L'habitation du gouverneur est au centre ; on
y monte par un perron en boue séchée, en mortier grisâtre, qui a une intention d'être monu-
mental, de *représenter*, pour les réceptions des
chefs noirs. En haut de ces marches, le logis, qui
n'a pour murailles que des barreaux à jour, se
dresse avec une prestance de cage à poule ; tous
les vents peuvent passer au travers. Il y a en face
quatre petits canons — une batterie pour rire —
et un pavillon français qui flotte au bout d'un
mât. Les autres cases, pareillement construites à
claire-voie, sont rangées avec symétrie de chaque

côté de cette imposante demeure et servent à
abriter les soixante ou quatre-vingts hommes
d'artillerie et d'infanterie de marine qui composent
la garnison d'Obock.

Une palissade enfantine est la défense de ce
quartier des blancs; on l'a faite avec de ces
arbustes en forme de parasol (les seuls qui
croissent dans ce pays) couchés tels quels à côté
les uns des autres par terre, comme une rangée
de larges bouquets épineux.

Dans cet enclos circulent des soldats alertes,
empressés, qui s'occupent pour l'instant de préparer leur repas du matin. Ici ce ne sont plus les
figures tirées et pâlies que nous avions coutume
de voir en Cochinchine et au Tonkin. Ces
hommes ont bonne mine; coiffés tous d'un
casque blanc, à peine vêtus d'une brassière sans
manches, ils gardent un air de santé sous leur
hâle de soleil; leurs bras nus ont bruni comme
ceux des Bédouins.

Ils font leur cuisine, épluchent de vraies
salades, de vrais légumes — qui étonnent dans
ce pays d'aridité absolue. Ils ont réussi à faire un
jardin, paraît-il, qu'ils arrosent et où tout cela
pousse.

Des négrillons gambadent au milieu d'eux fami-
lièrement, des petits êtres croisés d'Arabes ou
d'Indiens, qui ont des yeux allongés, des lèvres

fines et de jolis profils. Cet Obock a presque un air de vie.

Un ravin de sable sépare ce quartier militaire du village africain — qui nous paraît très augmenté depuis une année. Et pourtant, d'où viennent-ils, ces gens? Par quels chemins, à travers quelles solitudes ont-ils passé pour se réunir ici, quand il n'y a si loin alentour que d'inhabitables déserts?

Il est certain qu'un centre minuscule de transactions cherche à se former à Obock. C'est presque une petite rue à présent, qui s'ouvre et se prolonge devant nous, tout inondée de lumière, toute dévorée de soleil, entre deux rangées d'une vingtaine de cases ou de tentes. Il y a même, à l'entrée, une maisonnette avec de vrais murs, construite à la mauresque, et un *débit* d'absinthe qu'un colon européen (l'unique du pays) a déjà ouvert à l'usage de nos soldats. Le reste n'est encore composé que de ces huttes indigènes si basses qu'on en touche le dessus avec la main; elles sont soutenues par des morceaux de bois noueux qui ressemblent à de vieux ossements, à de vieilles jambes torses (toujours les branches de ces mêmes arbustes qui ont fourni la palissade du gouverneur) et recouvertes de paillassons cousus les uns aux autres comme des loques rapiécées. Le sol est piétiné, battu, mêlé de détritus qui pourrissent et se dessèchent. Il y a en l'air des légions de mouches.

A notre rencontre arrivent deux jeunes femmes noires, aux lèves minces, souriant d'un sourire faux et méchant — des « madames dankalies », nous dit, en manière de présentation, un petit nègre qui passe. — C'est pour nous vendre la pelure fraîchement écorchée d'une panthère, que l'une d'elles porte sur l'épaule. Elles ont de singulières têtes, ces « madames dankalies », et nous font des mines de moquerie sauvage, avec leurs yeux vifs qui roulent. Au soleil, on voit leur peau luire comme de l'ébène frotté d'huile.

Le long de cette rue, ce ne sont que petits cafés, petites échoppes. Sous chacun de ces paillassons, quelque chose se boit ou se trafique. Et le tout a un air d'improvisé, de caravansérail, de marché africain qui commence.

Cafés à l'arabe, où l'on boit dans de très petites tasses apportées d'Aden en fumant dans de très grands narguilés de cuivre d'une forme monumentale ; — où l'on consomme des pastèques roses et des cannes à sucre.

Boutiques en extrême miniature, où tout le

fonds et l'étalage tiennent sur une table à casiers :
un peu de riz dans un compartiment, un peu de
sel dans un autre; un peu de cannelle, un peu
de safranum, un peu de gingembre; puis des
petits tas de graines bizarres, de racines inconnues. Et le même marchand vend aussi des tur-
bans en coton, des costumes à la mode d'Égypte
et des pagnes d'Éthiopie.

Acheteurs et vendeurs (deux cents personnes
au plus) appartiennent à toute sorte de races.
Nègres très noirs, frisés et luisants, au torse nu,
à l'attitude superbe. Arabes à grands yeux peints,
vêtus de blanc, de vert clair ou de jaune d'or.
Hommes fauves, longs et minces, à cou de
cigogne, à profil de chèvre, ayant de longues
chevelures teintes en blanc roux qui tranchent
sur leurs épaules comme une toison de mouton
mérinos sur du bronze. Dankalis portant des colliers de coquillages. Et deux ou trois Malabars
égarés, jetant dans ce mélange un souvenir de
l'Inde voisine.

Au fond de ces petites niches en paille qui
sont des cafés, ces hommes s'asseyent pêle-mêle
pour jouer et pour boire. Les uns s'amusent aux
dés. D'autres ont choisi un jeu plus simple, du
désert, qui consiste à tracer par terre sur le
sable des combinaisons de lignes. Deux nègres
tout nus, ornés de gris-gris, font avec feu une

partie de piquet, en frappant très fort leurs atouts sur la table ; ils ont de vraies cartes, qui étonnent entre leurs mains sauvages.

A côté d'eux, trois autres se livrent à un aussi surprenant domino. Ils appartiennent, ceux-ci, à l'espèce des hommes minces et fauves qui se blanchissent la chevelure ; la leur est couverte en ce moment de la composition décolorante qu'ils enlèveront demain pour être beaux : c'est comme un mortier qui forme croûte épaisse sur leur tête ; on dirait la chaux dont on enduit les momies.

Au-dessus de ces joueurs, les paillassons du toit font à peine un peu d'ombre ; le soleil, le terrible soleil passe au travers comme par les mille trous d'un crible, — et, autour des petites huttes surchauffées, à perte de vue, tout flamboie, tout brûle dans l'immense Afrique...

On est vite au bout de ce village. Alors on arrive à quatre cases, les dernières, un peu isolées des autres sur une dune : c'est le quartier des dames galantes. Elles sont là huit ou dix, assez belles, Abyssines, Somaulies ou Dankalies, attendant sous leur toit de nattes. Vêtues de longues robes rouges, les chevilles et les poignets ornés de lourds anneaux d'argent, elles se tiennent au guet, l'air moitié mystique, moitié féroce ; très dignes dans leur impudeur noire ; s'acquittant de leur métier comme d'une fonction religieuse

— et, pour une pièce blanche, accueillant avec le
même beau sourire de tigresse le soldat français,
le Bédouin qui passe ou le nègre à gris-gris.

Après ce quartier c'est fini, par exemple ; tout
de suite le désert commence, profond, miroitant,
plein de mirages, sinistre avec son soleil qui tue.

Il y a bien encore, par là, dans un repli du
terrain, quelque chose d'un peu vert : le *jardin*,
le fameux jardin que les soldats entretiennent à
force de soins et d'arrosage. Autrement, plus rien.
Nous avons devant nous cette région vide qui, sur
les cartes, porte le nom de *plateau des gazelles*.

A l'extrême horizon, du côté des terres, toujours ce même rideau de nuages et de montagnes
bornant l'étendue désolée où nous sommes. Très
hautes sans doute, ces montagnes qui se dessinent
là-bas partout en silhouettes entassées, d'autant
plus confondues avec les obscurités du ciel,
d'autant plus noires qu'elles sont plus loin, dans
ces zones intérieures où les hommes blancs ne vont
pas. Et ces fonds qui se maintiennent aujourd'hui
si sombres font ressortir davantage l'éclat doré
des sables, l'éblouissement des premiers plans.

A mesure que nous nous avançons sur ce
plateau des gazelles, le tout petit Obock, avec
ses tuiles rouges et ses trois maisons, s'abaisse

dans le lointain, s'efface, disparaît; la plaine lumineuse et morne s'agrandit uniformément autour de nous.

La mer aussi est hors de vue; cependant le sol est toujours semé de rameaux de corail et de coquilles roulées (pour les naturalistes, des strombes à bouche rose); on dirait d'un fond sous-marin qu'une énorme poussée d'en bas aurait amené en plein soleil. Il y a, çà et là, quelques touffes d'herbes roussies, quelques plantes bizarres, d'un vert extrêmement pâle comme si l'excès de ce soleil en avait mangé la couleur. Et puis, de distance en distance, posés comme pour faire jardin anglais, de ces chétifs arbustes en forme d'ombelle, au feuillage ténu et clair, comme nous en avions déjà vu du large — espèces de parasols d'épines penchés à droite ou à gauche sur leur tronc grêle : c'est un mimosa triste, l'éternel mimosa des solitudes africaines, le même qui croît dans toutes les régions arides de l'intérieur — jusque là-bas, de l'autre côté des grands déserts, dans les sables du Sénégal; un mimosa qui ne produit rien, ne sert à rien, ne donne même pas d'ombre...

Quels hommes peut nourrir une terre pareille? Ceux-ci, évidemment, ces êtres sveltes et fauves, à l'air félin, au regard sauvage, qu'on nous a désignés tout à l'heure dans le village d'Obock comme étant les Dankalis indigènes ; ils sont des personnages cadrant bien avec leur pays ; ils y vivent errants, clairsemés au milieu des sables ou des halliers, et l'éternelle chaleur semble avoir desséché, affiné leur corps comme celui des gazelles.

Nous en croisons quelques-uns qui arrivent des contrées de l'intérieur, avec un léger bagage sur le dos. Et un autre groupe de « madames dankalies » s'arrête à nous comme tout à l'heure, avec les mêmes faux sourires ouverts sur de belles dents blanches : encore une pelure de panthère qu'elles déroulent pour nous la vendre.

De loin en loin dans la plaine, des gens sont campés, tout au ras de la terre brûlante. On se courbe comme les bêtes pour entrer dans leurs huttes. Ils se tiennent assis là, ayant avec eux des ânons, des outres en peau, des gris-gris, des sabres et des couteaux d'une forme méchante ; immobiles, oisifs, venus dans la direction d'Obock pour trafiquer ou peut-être seulement pour voir. Leur accueil est inquiet et inquiétant ; l'entrevue de part et d'autre est pleine d'étonnements et de méfiances.

Il est maintenant onze heures du matin. Avec ces mirages, cette réverbération des sables, tout miroite et tremble; une clarté aveuglante monte de la terre.

Nous voyons de loin deux ou trois amas de choses très blanches qui tranchent sur la plaine rousse. Est-ce un peu de neige tombée là par miracle, ou bien de la chaux, ou bien des pierres? Mais non, cela remue. — Alors des hommes en burnous? — ou des bêtes? — des gazelles? — des chevaux? — Cela ressemble à tout ce qu'on veut, même à des éléphants blancs, car on n'a plus la notion complète des distances ni des grandeurs : toutes les choses un peu lointaines sont déformées et changeantes.

Tout simplement des moutons. — Des moutons drôles, d'une blancheur extrême avec la tête bien noire et la queue élargie en éventail, comme ceux d'Égypte. Rares troupeaux qu'on envoie dans le jour brouter je ne sais quelles herbes et que l'on se hâte de ramener vers le village d'Obock au coucher du soleil, avant l'heure des bêtes fauves.

Ce sont les derniers êtres vivants que nous rencontrons en continuant de nous éloigner dans l'immense plaine. Bientôt midi. A cette heure, les hommes blancs ne sortent jamais; il faut notre imprudence, à nous qui arrivons et qui voulons voir. Nous sentons sur nos épaules, à travers nos vêtements de toile blanche, une impression cuisante de brûlure. En marchant, nous ne projetons plus ombre, à peine un petit cercle noir qui s'arrête à nos pieds : le soleil est juste en haut du ciel, au zénith, et tout son feu tombe verticalement sur la terre.

 Nulle part rien ne bouge; tout est mort de chaleur; on n'entend même pas ces musiques d'insectes qui, dans les autres pays du monde, sont les bruits persistants de la vie durant les midis d'été. Mais toute la plaine tremble de plus en plus, tremble, tremble — d'un mouvement qui est incessant, rapide, fébrile, mais qui est absolument silencieux, comme celui des objets imaginaires, des visions. Sur tous les lointains est répandue une indéfinissable chose qui ressemble à une eau mouvante, ou à une étoffe de gaze remuée par le vent, et qui n'existe pas, qui n'est rien qu'un mirage. Les mimosas éloignés prennent des formes étranges, s'allongent ou s'étendent, se dédoublent par le milieu, comme reflétés dans cette eau trompeuse qui envahit les sables sans faire aucun bruit, qui s'agite sans qu'il y ait dans l'air aucun souffle. Et tout cela étincelle, éblouit, fatigue; l'imagination est inquiétée par le grand resplendissement triste de ce désert.

Au fond, il y a toujours ces montagnes sombres sous des amoncellements de nuages lourds. De ce côté, tout finit en une espèce de désolation indécise, ténébreuse; la vue se perd dans des profondeurs noires; c'est l'intérieur de l'Afrique qui est derrière ces obscurités et ces orages...

SUR LA MORT

DE

L'AMIRAL COURBET

I

A bord de la *Triomphante,* rade de Ma-Kung.

Vendredi 12 juin 1885.

... Ce que j'en ai vu, moi, de cette mort, est bien peu de chose; l'écrire, c'est presque rabaisser ce malheur en mettant autour des détails trop petits.

C'était hier, à sept heures du soir, — pendant que nous étions à table dînant assez gaiement, — on entendit un canot accoster le bord, et les timoniers dirent qu'il venait du *Bayard* avec une lettre pour le commandant. Alors il y eut une minute de curiosité impatiente, car ce devait être une communication grave : la paix signée?... ou bien la guerre reprise?...

Non, rien de tout cela, mais une chose sombre et imprévue : l'amiral était mourant, peut-être mort à cette heure même. Ce canot faisait le tour des bâtiments de l'escadre pour le dire.

Cela se répandit comme une traînée de poudre jusqu'au gaillard d'avant, où les matelots chantaient. Justement ils étaient en train de répéter une grande représentation théâtrale pour dimanche prochain, avec de la musique et des chœurs; tout cela se tut et les chanteurs se dispersèrent; une espèce de silence lourd, que personne n'avait commandé, se fit tout seul, partout...

Les gens qui sont en France ne peuvent guère comprendre ces choses, — ni la consternation jetée par cette nouvelle, ni le prestige qu'il avait, cet amiral, sur son escadre. — Dans les journaux, on lira des éloges de lui plus ou moins bien faits; on lui élèvera quelque part une statue; on en parlera huit jours dans notre France oublieuse; — mais assurément on ne comprendra jamais tout ce que nous perdons en lui, nous, les marins. — Je crois d'ailleurs que, pour sa mémoire, rien ne sera si glorieux que ce silence spontané et cet abattement de ses équipages.

Non, on n'avait pas prévu qu'il pourrait finir de cette manière...

Le canot repartit, de bateau en bateau, annonçant le désastre. Le commandant fit armer sa baleinière pour aller vite à bord du *Bayard;* puis nous attendîmes, au carré, en parlant bas.

A huit heures, je montai prendre le quart : une nuit épaisse; les *tauds* faits, à cause de la pluie fine qui tombait depuis le coucher du soleil; une chaleur humide, orageuse, accablante.

Les *fanaux* étant parés pour recevoir le commandant à son retour, j'appelai le maître de quart, qui était précisément Yves (nos destinées nous ont réunis une fois de plus sur un même bateau), et nous commençâmes à faire ensemble les cent pas monotones des nuits de veille. Au dehors on voyait, dans la brume noire, les feux de cette escadre jouant les lumières d'une grande ville, — ville nomade qui est venue se reposer depuis deux mois sur ce point de la mer chinoise. La pluie continuait de tomber lentement, sans un souffle dans l'air; cela ressemblait aux nuits tristes de Bretagne, à part cette chaleur toujours, cette chaleur irrespirable, malsaine, qui pesait sur nous comme du plomb. — Et c'est pendant cette soirée tranquille, au milieu de tout ce calme, que ce chef de guerre était aux prises, dans une toute petite chambre de bord, avec la mort silencieuse et obscure...

Pendant qu'il s'en allait, nous causions de lui.

Sa gloire, elle a tellement couru le monde, tellement, que c'est banal à présent d'en parler entre nous. Elle lui survivra bien un peu, j'espère, car elle est universellement connue.

Mais ceux qui ne l'ont pas vu de près ne peuvent pas savoir combien il était un homme de cœur. — Ces existences de matelots et de soldats qui, vraiment, depuis deux années, semblaient ne plus assez coûter à la France lointaine, il les jugeait très précieuses, lui qui était un vrai et grand chef; il se montrait très avare de ce sang français. Ses batailles étaient combinées, travaillées d'avance avec une si rare précision que le résultat, souvent foudroyant, s'obtenait toujours en perdant très peu, très peu des nôtres; et ensuite, après l'action qu'il avait durement menée avec son absolutisme sans réplique, il redevenait tout de suite un autre homme très doux, s'en allant faire la tournée des ambulances avec un bon sourire triste; il voulait voir tous les blessés, même les plus humbles, leur serrer la main; — et eux mouraient plus contents, tout réconfortés par sa visite...

La baleinière du commandant ne revenait pas, et, en regardant les feux de ce *Bayard* à travers la nuit et la pluie fine, nous parlions toujours de l'amiral.

Il y a cinq ou six jours à peine, il était encore ici, à notre bord, venu pour un lancement de torpilles; et je me souviens d'avoir, pour la der-

nière fois, serré sa main, tendue avec une bien-
veillance toute simple et exquise. Ce jour-là, nous
avions été heureux de le retrouver si alerte, si
vaillant, si bien remis de ses fatigues passées. En
plein midi, en plein soleil, il était monté sur un
petit bateau torpilleur pour circuler sur cette
rade unie et réfléchissante, chauffée à blanc. —
Nous filions d'ailleurs si vite, fendant cet air
immobile, éventés par notre propre course, qu'on
respirait à l'aise, on était presque bien. Et je le
vois encore là, assis à deux pas de moi, dessi-
nant son buste haut sur tout ce bleu lumineux;
correct dans sa tenue toujours, la redingote bou-
tonnée jusqu'au col, absolument comme en France
et les mains gantées de suède, suivant des yeux
ces espèces de longs poissons d'acier qu'il faisait
lancer devant lui...

Je le subissais, moi aussi, le prestige de cet
amiral, d'une manière plus raisonnée que nos
matelots peut-être, mais complète; et, comme
tant d'autres ignorés, je l'aurais suivi n'importe
où avec un dévouement absolu.

Je m'inclinais devant cette grande figure du
devoir, incompréhensible à notre époque de personnages fort petits. — Il était à mes yeux une
sorte d'incarnation de tous ces vieux mots sublimes

d'honneur, d'héroïsme, d'abnégation, de patrie,
— Mais l'écrivain qui se sentira de taille à faire son
éloge funèbre devra bien s'efforcer de les rajeunir
ces grands mots d'autrefois, car on les a aujour-
d'hui tellement *banalisés*, à propos de gens quelconques n'ayant risqué leur vie nulle part, qu'ils
semblent n'avoir plus un sens assez élevé quand
il s'agit de lui...

Et puis il avait son secret, cet amiral, pour
être en même temps si sévère et si aimé. Comment faisait-il donc, car enfin il était un chef
dur, inflexible pour les autres autant que pour
lui-même, ne laissant jamais voir sa sensibilité
exquise ni ses larmes qu'à ceux qui allaient mourir.

N'admettant jamais la discussion de ses ordres,
tout en restant parfaitement courtois, il avait sa
manière à lui, impérieuse et brève, de les donner :
« Vous m'avez compris, mon ami?... Allez! » Avec
cela, un salut, une poignée de main, — et on
allait, on allait n'importe où, même à la tête
d'un petit nombre d'hommes; on allait avec confiance, parce que le plan était de lui; ensuite, on
revenait ayant réussi, même quand la chose avait
été terriblement difficile et périlleuse.

Ces milliers d'hommes qui se battaient ici
avaient remis chacun sa propre existence entre
les mains de ce chef, trouvant tout naturel qu'il
en disposât quand il en avait besoin. Il était exi-

geant comme personne; cependant contre lui on ne murmurait jamais, jamais; — ni ses matelots ni ses soldats; — ni même toute cette troupe étrange de « zéphyrs », d'Arabes, d'Annamites, qu'il commandait aussi.

Oh! cette île de Formose!... Qui osera raconter les choses épiques qu'on y a faites, écrire le long martyrologe de ceux qui y sont morts?... Cela se passait au milieu de tous les genres de souffrances : des tempêtes, des froids, des chaleurs; des misères, des dysenteries, des fièvres. Cependant ils ne murmuraient pas, ces hommes; quelquefois ils n'avaient pas mangé, pas dormi; après quelque terrible corvée sous les balles chinoises, ils rentraient épuisés, leurs pauvres vêtements trempés par l'éternelle pluie de Kelung; — et lui, brusquement, parce qu'il le fallait, leur donnait l'ordre de repartir. Eh bien! ils se raidissaient pour lui obéir et marcher; ensuite, fauchés dans quelque bataille obscure, ils tombaient, — et pour une cause stérile, — tandis que la France, occupée de ses toutes petites querelles d'élections et de ménage, tournait à peine des yeux distraits pour les regarder mourir.

A part les familles de marins, qui donc, dans notre pays, empêchait-elle de dormir ou de s'amuser, cette pauvre glorieuse escadre de Formose?...

Dans les heures d'anxiété (et elles revenaient souvent), au milieu des engagements qui semblaient douteux, dès qu'on le voyait paraître, lui, l'amiral, ou seulement son pavillon, dans le lointain, on disait : « Ah! le voilà, c'est tout ce qu'il faut alors; ça finira bien puisqu'il arrive! » En effet, cela finissait bien toujours; cela finissait de la manière précise que lui tout seul, très caché dans ses projets, avait arrangée et prévue.

Je ne crois pas que, chez nos ennemis d'Europe il y ait un chef d'escadre qui lui soit égal, ou seulement comparable. Peut-être aurait-il fallu le garder précieusement pour quelque grande lutte nationale, au lieu de le laisser ici s'user et mourir...

... Un bruit d'avirons dehors; un canot qui s'approche. Les factionnaires le hèlent.

— A bord, commandant!

Aussitôt un groupe se forme près de la coupée, bien que ce ne soit pas très correct : des officiers, des matelots, anxieux de savoir, d'écouter au passage les premiers mots que le commandant va dire.

Il dit que l'amiral respire encore faiblement, mais qu'il est bien perdu; les yeux fermés déjà, ne parlant plus depuis six heures du soir, les mains croisées sur la poitrine et déjà froides; très tranquille, et probablement ne souffrant pas.

De quoi meurt-il, — on ne sait pas très bien. — D'épuisement surtout et d'un excès de fatigue intellectuelle. D'abord, le bruit avait couru qu'il était pris de cette contagion innomée dont on ose à peine parler, et qui chaque jour nous enlève brusquement quelques-uns des nôtres. On dit que non, maintenant; ce n'est plus cela. Les deux maladies lentes de ce pays jaune : dysenterie et hépatite, qu'il traînait depuis de longs mois, l'ont paraît-il, vaincu tout d'un coup. Et puis il meurt d'autre chose encore : de travail excessif, d'écœurement aussi et de déceptions de toute sorte en présence du résultat nul que ses belles victoires ont obtenu pour la France.

Les secours humains ne peuvent plus rien pour lui; pas même réchauffer ses membres, qui s'immobilisent de plus en plus et sont couverts d'une sueur glacée, malgré la chaleur de cette nuit d'orage... Un canot du *Bayard* doit venir bientôt nous avertir quand ce sera fini tout à fait.

Après que la baleinière du commandant est rehissée, Yves et moi, qui sommes toujours de quart, nous recommençons nos cent pas. En attendant que vienne ce canot du *Bayard*, nous passons en revue tous ceux qui étaient de nos amis parmi les morts de cette guerre; — et la liste en est longue, en y comprenant les pauvres ignorés qui portaient le simple col bleu...

Le plus regretté par nous deux, c'est Henri Dehorter, le lieutenant de vaisseau blessé mortellement à Tamsui : pour moi, un très vieil ami de quinze ans; un protecteur et un ami aussi pour Yves, qu'en mon absence je lui avais un peu confié. Hélas! comme il était bon et brave, celui-là, — et vivant et joyeux, et charmant!...

Quand il reçut dans la poitrine cette balle chinoise, j'étais en France, et sa dernière lettre, si gaie, m'arriva après sa mort :

— Encore un, disait Yves, qui était aimé de nous tous! Pour moi, je vois toujours le bon sourire content qu'il m'avait fait, le matin même de cette *débarque*, quand je l'avais conduit à terre avec sa compagnie, dans le canot à vapeur, et que je lui avais dit : « Bonne chance, capitaine! » A deux heures, la baleinière nous le rapportait la poitrine traversée. — Un peu plus tard, c'étaient tous nos blessés qui revenaient à plein canot. — O mon Dieu, cette journée!!...

» Et nos prisonniers chinois, qui ricanaient tous de les voir remonter à bord. Le commandant a vite donné l'ordre de les renfermer en bas dans la cale, autrement les matelots allaient les jeter à la mer.

» Pauvre Monsieur Dehorter ! on lui avait installé un lit, ici sur le pont, entre ces deux épontilles, avec une toile tendue autour pour lui faire une petite chambre.

» Le lendemain, pendant le lavage, je l'ai entendu qui m'appelait à travers sa toile : Yves ! — c'était pour me donner la main... Et je me rappelle comme la sienne était brûlante...

» Il est mort là, tenez, dans le fumoir, où on l'avait couché les derniers jours.

» Ensuite on a mis son cercueil en plomb dans le canot à vapeur pour notre traversée jusqu'en Cochinchine. Une nuit qu'il faisait mauvais, la mer avait manqué l'emporter...

A mon tour, je conte à Yves la visite que j'ai faite, en passant à Saïgon, à sa tombe toute neuve, que lui n'a pas vue.

Avec d'autres lieutenants de vaisseau de mes camarades, nous étions convenus de nous réunir à six heures du soir devant le cimetière pour faire ensemble cette visite ; — c'est loin de la ville ; ma voiture de louage filait pourtant vite, mais j'arrivai trop tard au rendez-vous, moi, — très surmené depuis le matin, n'ayant eu que cette journée pour mille choses. Et me voilà seul dans cet immense enclos où je n'étais jamais venu, au coucher du soleil, cherchant cette tombe d'après des indications vagues.

Tout un monde, ce cimetière de Saïgon, plus grand que ne serait celui d'une ville de cent mille âmes en France ; à lui seul, il en dit très long sur cet extrême Orient... Comme il y en a des croix, des croix, ou de simples bosses de terre envahies par les herbes ! Un sol rouge ; des arbres très verts, dorés ce soir par une fin de soleil ; des fleurs tropicales étranges et une quantité de grands papillons, comme ceux des éventails chinois, volant dans ce champ silencieux des morts.

Toutes ces choses exotiques, lointaines, étaient tristes.

J'avais peur de ne pas reconnaître cette tombe. Repartir demain matin de ce pays sans l'avoir vue m'aurait été pénible affreusement. Enfin j'aperçus, derrière des arbustes, là-bas, le groupe de mes camarades, découverts et regardant le sol : c'était là. — Une grande dalle de granit, très simple, mais qui durera un peu longtemps ; son nom : *Henri Dehorter*, gravé en lettres assez profondes, avec le nom du combat où il a reçu glorieusement sa blessure. — Des couronnes déjà fanées ; — et nous qui, dans notre précipitation, n'avions pas songé à lui en apporter de nouvelles!...

. . . .

Ensuite, nous reparlions de l'amiral, dont l'agonie était une chose présente, obsédant notre pensée :

— Aussi, disait Yves, il n'avait jamais soin de lui-même; tous les soirs, tous les soirs! descendre à terre, entrer à l'ambulance, risquer d'y prendre *la maladie!...*

En effet, jusqu'à ces derniers jours, ses visites aux malades s'étaient continuées fidèlement. La semaine passée, il avait même quitté son bord à la hâte pour aller, sous une pluie d'orage, jusqu'au campement de l'infanterie de marine, embrasser un pauvre lieutenant jadis blessé près de lui, à Son-Tay, qui venait d'être atteint de cette même *maladie* innomée et qui en mourut dans la nuit.

Et, lundi encore, on l'avait vu, le matin, au soleil de neuf heures, suivre, découvert, l'enterrement d'un autre officier, mort aussi de cette contagion-là. Tête nue, tenant son casque à la main; boutonné, correct sans cesse et partout, il avait traversé ces ruelles désertes de Ma-Kung et accompagné le petit cortège funèbre jusqu'à ces champs de riz et de maïs où s'est improvisé notre cimetière.

Depuis deux mois, ce triste Ma-Kung en a bien vu passer de ces enterrements français dans ses rues. Au début surtout, quand les ruines étaient encore toutes fraîches, les bouddhas par terre sur les places, les maisons éventrées de la veille, sentant encore le brûlé et le Chinois mort, à la grande pagode où est notre ambulance, la *maladie* était venue s'installer; et on en voyait tous les jours, sortir de ces petits cortèges d'une vingtaine d'hommes, l'arme basse, piétinant les décombres, les cassons de porcelaine, les lambeaux de soie, les débris de lanternes et de parasols. — Dans le cercueil, fait à la hâte en vieilles boiseries dorées, quelque pauvre soldat obscur s'en allait, sans prêtre ni prière, dormir au milieu des champs de maïs où nous avons déjà planté beaucoup de petites croix noires.

En les regardant passer, nous les plaignions, ceux-là, de n'avoir trouvé que cette mort pitoyable; — et voici maintenant que notre amiral, malgré toute sa gloire, va finir à peu près comme eux...

Des matelots de quart, qui n'avaient pas pu reprendre leur sommeil insouciant à plat pont, se promenaient par groupes, et on les entendait aussi qui parlaient de lui : « Enfin, on n'a pas encore dit qu'il était *décédé* (un mot qu'ils emploient d'habitude, le croyant plus respectueux que celui de mort), et, tant qu'un homme n'est pas défunt, n'est-ce pas?... » Ils ne voulaient pas y croire; cela n'entrait pas dans leur tête, à eux non plus, que l'amiral dût ainsi disparaître.

Vers onze heures, le *maître d'équipage* s'approcha pour faire les cent pas avec nous; cette nuit-là, les distances habituelles paraissaient s'être effacées devant l'attente commune de ce deuil, et tout le monde causait ensemble, indistinctement. Lui, ce brave maître, éprouvait le besoin de se remémorer et de redire la grande gloire de Fou-Tchéou; après les détails mille fois racontés, il trouvait, pour l'effrayante hécatombe finale, cette image : «... Et alors on a vu la mer se couvrir tout d'un coup d'un millier de choses qui flottaient dessus, — *comme si on aurait vidé sur l'eau un sac de plumes;* — SEULEMENT C'ÉTAIENT DES CADAVRES... »

Quant notre quart fut fini, aucune communication nouvelle n'étant venue du *Bayard*, on avait presque repris espoir en voyant que c'était si long.

Mais, quelques minutes après minuit, étant déjà redescendu dans ma chambre, j'entendis le bruit d'un canot à vapeur qui s'approchait de nous et je compris ce qu'il venait nous dire.

Je me penchai à mon sabord pour écouter l'accostage. Une voix, celle du matelot de faction, demanda tout de suite : « Eh bien? » Du canot, une voix répondit : « Il est *décédé...* » Je m'endormis sur ces mots, et, en rêve, je revis l'amiral, mêlé à des combats et à des funérailles étranges.

On nous raconta le lendemain de quelle manière silencieuse et presque douce la mort était venue le prendre, comme un sommeil. Depuis six heures du soir, il n'avait eu ni un mouvement ni une plainte. Tous les moyens ayant été épuisés pour ramener un peu de chaleur à ses membres, qui se refroidissaient, on avait fini par le laisser en repos. Les officiers du *Bayard* étaient là groupés, presque aussi immobiles que lui dans leur stupeur ; deux matelots agitaient des éventails au-dessus de sa tête.

Un peu avant dix heures, ne l'entendant plus respirer, on avait placé devant sa bouche son lorgnon, qui était resté suspendu à son cou ; ensuite, un miroir, — aucune buée sur le verre, plus trace d'aucun souffle ; alors le médecin en chef avait dit à voix basse : « Messieurs, l'amiral est mort. » Dans ce premier moment, personne n'avait bougé ni pleuré ; des minutes de silence s'étaient encore écoulées avant qu'on entendît un sanglot sortir d'une poitrine.

II

Ce matin vendredi, encore temps gris, petite
pluie fine comme en Bretagne. Les vergues sont
mises en pantenne, les pavillons en berne, et, de
demi-heure en demi-heure, on commence à tirer
le canon de deuil.

Cela rappelle le ciel ordinairement sombre et
tout l'appareil du vendredi saint dans nos ports
français. Cette grande rade des Pescadores ressemble même à certains points de nos côtes, avec
ses terres assez basses, sans arbres, où des champs
de riz et de maïs dessinent des carrés verts.

Beaucoup de sampans, montés par des Chinois
plus ou moins occupés de pêche, circulent sur
l'eau calme, rôdent surtout autour du *Bayard*,
curieux, flairant déjà notre malheur. Et bientôt,

sûrement, la Chine entière saura la mort de l'homme qui la faisait trembler.

A neuf heures, de tous les bâtiments de l'escadre, partent des canots et des baleinières, menant les commandants et les états-majors à une messe privée qui va se dire à bord du *Bayard* pour le repos de l'amiral. Le temps se maintient couvert, morne, et la mer tranquille; les embarcations accostent doucement, et bientôt le vaisseau est tout rempli d'officiers. Pauvre *Bayard!* autrefois brillant, aujourd'hui défraîchi, éraillé, fatigué par sa campagne glorieuse; et encombré de caisses, de ballots, de barriques, pour le ravitaillement des troupes. Cette foule qui arrive ne ressemble pas à celle des deuils vulgaires; on ne voit pas ces figures composées, on n'entend pas ce courant de conversations à l'oreille, ce bourdonnement d'indifférence. Parmi tous ces officiers qui se rencontrent là, il y a d'anciens camarades qui, depuis longtemps, ne se sont pas vus, et qui se donnent la main simplement, sans causer, presque sans rien se dire. En général, on se tient immobile sur place, encore dans la stupeur que cette mort à jetée.

L'autel de messe est disposé en abord et il faut se serrer là, dans une sorte de couloir étroit, sous la carapace de fer qui concentre une extrême chaleur. Derrière les officiers viennent se tasser les matelots, sans bruit, consternés eux aussi, et silencieux; çà et là, dans cette foule, quelques têtes chinoises, de prisonniers ou d'interprètes, rappellent le pays lointain où l'on est.

La messe est dite à voix basse, au milieu de ce grand silence. Quand elle est achevée, on fait le tour par derrière l'autel pour aller (comme au cimetière on salue la famille) saluer le commandant et le chef d'état-major. Ils pleurent, ceux-ci.

Il n'y a ni apparat, ni discours, ni musique; seulement des gens qui passent, atterrés, ne trouvant rien à dire.

Dans les choses extérieures, rien même qui s'associe à l'idée de la mort. Rien que deux couronnes de feuillage posées au pied de la dunette; tout ce qu'on a pu trouver de plus vert dans ce pays nu ; un peu de bambou et de tamarin, puis des branches prises aux arbres rares des pagodes, où sont piquées quelques petites pervenches du Cap roses, seules fleurs de Ma-Kung.

On aurait voulu le voir, lui, l'amiral; mais il n'a pas été possible de l'exposer. Dans ce pays, la mort est trop immédiatement suivie de conséquences sinistres contre lesquelles il faut se précautionner à la hâte. Et le corps du chef est en bas, entre les mains des médecins occupés à une sombre besogne.

Alors c'est fini, on se sépare ; les canots accostent les uns après les autres et s'éloignent.

A midi, le *Duguay-Trouin* quitte la rade, s'en allant porter la nouvelle à Hong-Kong, d'où le télégraphe la transmettra à la France.

Trois heures du soir. — Les médecins ayant achevé leur œuvre, les commandants et les officiers qui sont revenus à bord du *Bayard* sont admis à regarder l'amiral une dernière fois.

Il est dans son salon, enveloppé d'un linceul et étendu à terre, formant une longueur blanche sur les tapis rouges. — Et on entre sur la pointe du pied pour contempler une minute ce visage très pâle, très calme, à peine changé ; ce front large où tant d'idées, tant de projets merveilleusement étudiés, classés, préparés pour l'avenir, viennent de s'éteindre à jamais.

Quand les officiers se retirent, il y a encore à la porte un groupe d'hommes qui prient qu'on les laisse entrer : ce sont tous les maîtres du bord qui veulent le voir.

Eux passés, il y a encore plus de monde à cette porte : cette fois ce sont les matelots qui attendent aussi leur tour comme une chose due.

Alors il faut faire défiler, dans ce salon, tout l'équipage du vaisseau, et on voit se succéder lentement des centaines de jeunes figures consternées qui saluent, avec un respect timide, le grand mort.

Ensuite on le met dans son cercueil de plomb et de bois de camphre entouré de fer.

III

Samedi 13 juin, la *mise en chapelle* et les honneurs militaires.

D'abord on avait eu l'idée de porter le corps de l'amiral à Ma-Kung, dans une des grandes pagodes, afin qu'il y eût plus d'espace pour les troupes ; — on a réfléchi qu'il était mieux de ne pas le laisser reposer, même pour quelques heures, sur une terre chinoise, ni surtout dans un temple bouddhique ; — et on l'a laissé sur son vaisseau, qui est une *terre française*.

A Ma-Kung, un peu avant sept heures du matin, tout ce qui reste de notre petite troupe d'occupation est rangé au pied des forts, face à la mer, les armes prêtes pour les salves de mousqueterie. Comme hier, par un temps gris et lourd, des canots et des baleinières amènent à bord du *Bayard* les officiers de l'escadre, qui sont cette fois en épaulettes et en armes. Arrivent aussi des officiers d'artillerie, d'infanterie; des détachements de matelots de tous les bâtiments sur rade, et des soldats de tous les corps campés à Ma-Kung.

Une foule compacte sur le pont du *Bayard*, mais toujours du silence. Le cercueil de l'amiral est là par terre, attendant sous un drap noir, à l'entrée de cette *chapelle*, où un prêtre va tout à l'heure l'introduire.

On se serre les uns contre les autres, dans ces *coursives* étroites, sous cette oppressante carapace en fer. Par ce temps sombre et accablant, tout ce qu'on touche, boiserie ou ferrure, est chaud, humide, avec des gouttelettes, comme si la sueur perlait même sur les choses, et dans cette buée d'étuve, déjà irrespirable, on sent l'odeur sinistre des substances qui servent pour les morts.

La *chapelle* est de la simplicité la plus extrême : deux pavillons d'amiral (tricolores à trois étoiles blanches) formant sous la dunette une sorte de tente; deux rangées de marins armés, deux rangées de flambeaux, et c'est tout. On a même voilé avec de l'étamine cette devise de Bayard, inscrite à l'arrière du vaisseau au milieu de dorures, et qui aurait aussi bien pu être la sienne : « Sans reproche, sans peur. »

Un des monstres en ébène (dépouilles de pagode) qui décorent le couronnement de cette dunette se trouve par hasard juste au-dessus du cercueil, en haut du sanctuaire improvisé, assis comme un gros chien noir. Il a l'air de rire en se moquant, avec cette intensité d'expression méchante qui est le mystère inimitable de l'art chinois. On aurait peut-être dû songer à le voiler, lui plutôt, bien qu'il représente d'une manière symbolique assez saisissante la Chine à ces funérailles.

La cérémonie religieuse est courte et se fait à voix basse. De minute en minute on entend, plus ou moins dans le lointain, des salves de mousqueterie venues de l'escadre ou des forts de Ma-Kung; elles partent de différents côtés, avec un bruit sec de chose qui se déchire.

Dans les intervalles de silence, il y a un tout petit oiseau qui chante obstinément, accroché à une drisse de pavillon. Les timoniers s'excusent de sa présence : il est là depuis hier, et on a beau le chasser, secouer cette drisse, il revient toujours.

Tout près des assistants, les canons du *Bayard* commencent à grands coups sourds le salut final, et ensuite l'amiral Lespès, qui a pris hier le commandement de l'escadre, vient dire, en quelques mots, adieu à notre chef mort.

Il le fait avec un tel tremblement de douleur

et un si visible besoin de pleurer, qu'en l'entendant les larmes viennent. Ceux qui se raidissaient à grand effort pour garder une figure impassible s'amollissent et pleurent...

Et maintenant, après cet adieu, il n'y a plus que le défilé militaire, et c'est absolument terminé ; on se retire, on se disperse dans les canots ; les vergues sont redressées et les pavillons rehissés partout. Les choses rentrent dans l'ordre, reprennent leur physionomie habituelle ; le soleil aussi se met à reparaître. C'est la fin du deuil, presque le commencement de l'oubli.

Je n'avais encore jamais vu des matelots pleurer sous les armes, — et ils pleuraient silencieusement, tous ceux du piquet d'honneur.

Elle était bien modeste, cette petite chapelle ; bien modeste aussi, ce petit drap noir ; et, quand le corps de cet amiral reviendra en France, on déploiera, c'est certain, une pompe infiniment plus brillante qu'ici, dans cette baie d'exil.

Mais qu'est-ce qu'on pourra lui faire, qu'est-ce qu'on pourra inventer pour lui qui soit plus beau et plus rare que ces larmes?...

PAGODES SOUTERRAINES

En ce moment, je revois une grande lagune morne, qui est là-bas, en Annam. Je me souviens d'y avoir navigué tout un jour dans une jonque mandarine.

Il faisait une chaleur lourde et un temps très sombre. — Les rives basses étaient couvertes d'herbages d'une teinte fraîche d'avril; tout au bord de ces eaux mortes, elles déroulaient lentement leurs bandes de velours vert, où paissaient des buffles.

Lee-Loo disait : « Il faut boire, encore boire *sam-chou,* » — et il versait l'alcool de riz dans nos toutes petites tasses de porcelaine peinte.

Au fond de cette jonque tapissée de nattes, nous étions couchés à plat, la tête posée sur ces espèces de tambours très durs qui sont les oreillers chinois.

Une toiture courbe, trop basse, s'allongeait par-dessus nous en dos de poisson, avec une charpente comme des vertèbres, nous donnant le sentiment d'être emprisonnés dans le ventre d'une bête.

Par des petits trous ronds, nous voyions défiler le pays triste. — Où pouvions-nous bien aller?... Depuis plusieurs heures, nous nous étions coulés en rampant sous cette carapace de rotin, ayant l'attente et la curiosité de quelque chose d'extraordinaire que Lee-Loo nous menait voir...

Longue route; longue sieste; long sommeil. Le chant de nos rameuses de temps en temps s'élevait comme une plainte chinoise, très douce, sur des notes trop hautes.

« Il faut boire, encore boire *sam-chou.* »

Où pouvions-nous bien aller, Lee-Loo habillé de vert et orange; Shang-Tee, de bleu céleste; moi, de blanc?

Engourdis d'immobilité, comme trois momies dans une même gaine, nous nous tenions aplatis sous notre abri de voyage. Eux avaient pris bien garde, en s'étendant, de ne pas se coucher sur leur longue queue soyeuse, qu'ils avaient roulée sur leur poitrine. — Ce toit, cet alcool, et cette chaleur pesaient sur nos têtes.

Par les petits trous on voyait toujours passer ce velours vert et ces buffles. — Énormes bêtes vautrées dans les herbages et la vase, tournures d'hippopotames, tournures antédiluviennes, allongeant pour nous flairer des têtes stupides et farouches.

On sentait l'odeur âcre des jonques, où les mariniers jaunes ont coutume de faire leurs cuisines de coquillages; on sentait les bambous mouillés et les rizières en fleurs. Et puis Lee-Loo avait son parfum d'élégant, qui était un mélange de musc et de poivre...

... Et maintenant ces souvenirs redeviennent très nets, ramenés par je ne sais quoi. — Je retrouve tout, jusqu'aux moindres détails de ce voyage, de cet intérieur de jonque... jusqu'aux enlacements compliqués de notre couvercle de rotin... jusqu'aux rosaces de soie brochées sur la robe de Lee-Loo... Et puis aussi ces filets et ces lignes, accrochés aux roseaux de la membrure, ce couteau à ouvrir les poissons, et ce fétiche protecteur de la pêche. — C'est de Faï-Fo que nous sommes partis ce matin, et cette chose extraordinaire que nous allons visiter est la pagode de la Montagne-de-Marbre, que Lee-Loo dit très belle à voir.

Lee-Loo lui-même, tout son personnage physique, se représente à moi brusquement, avec sa maigreur de squelette sous ses robes flottantes taillées à la magot, son crâne rasé et sa longue queue nouée d'un ruban. Une figure plate, jaune, exsangue, avec un certain charme cependant à cause de sa jeunesse, de son air distingué et très fin. Des sourcils ayant une tendance naturelle à se rejoindre, mais séparés et amincis au rasoir, formant au-dessus des yeux vifs deux lignes aussi nettes que des traits à la plume.

Nos rameuses sont quatre jeunes filles. Elle se tiennent debout, tantôt cambrées, tantôt jetées en avant sur leurs grands avirons flexibles. Toujours couchés, nous les voyons au-dessus de nous, de bas en haut, par les trous de notre sarcophage; elles aussi se penchent de temps en temps pour nous regarder; leurs sourires ont une bestialité douce et découvrent, comme une surprise, leurs dents passées au vernis noir.

Tout l'effort d'impulsion se fait dans leurs reins souples, moulés sous des tuniques collantes et dont on croit, à chaque secousse en avant de la jonque, sentir sur son propre corps la poussée troublante.

Autour de nous, il y a toujours les infinis de velours vert où la lagune se traîne en long serpent, et, en haut, l'obscurité sinistre de ce ciel où rien ne bouge.

Nous avançons cependant, aidés par une espèce de courant que rien ne trahit à la surface tranquille, par une espèce de vitesse latente qui est dans ces eaux lourdes.

La Montagne-de-Marbre se rapproche toujours; à chaque tournant de la lagune, elle est plus près; au milieu de la plaine unie, elle semble un grand écueil au milieu d'une mer; elle découpe sur le ciel ses dentelures exagérées, invraisemblables; elle est verticale, surplombante; on dirait une pagode gigantesque dans la platitude d'un désert.

Nous abordons à la rive basse, dans la vase, dans les herbages. Il faut passer au milieu des buffles, qui se sont tous attroupés, immobiles; tous les cous sont tendus, en arrêt; tous les naseaux ruisselants sont dilatés, flairant l'Européen qui arrive.

J'ai peur de tous ces gros yeux qui me regardent, de toutes ces cornes. — Lee-Loo dit : « N'avance pas! » — Eux, les Asiatiques, qui n'ont rien à craindre, vont appeler des laboureurs qui travaillaient dans les rizières. Tous gens d'Asie, aimés des buffles, ils font la haie, et je passe.

Après les herbages, des sables arides, une désolation toute plate, des aloès bleus, un air de Sahara.

La Montagne-de-Marbre se rapproche; de loin elle était d'un violet d'évêque, à présent elle est d'un gris sombre; étrangement déchiquetée, contournée à la chinoise, avec toute sorte de verdures extraordinaires qui s'accrochent, s'enchevêtrent et retombent. — Autour, rien que les sables désolés. — Pourtant on sent qu'on approche de quelque lieu saint : çà et là commencent à paraître des tombes, anciennes, bizarres, — marquant des places où ont pourri des mandarins et des bonzes. — Puis des aiguilles naturelles, de marbre gris, sortent par places du sable uni, comme des flèches d'église. — Et la Montagne-de-Marbre elle-même, qui est là tout près de nous, surplombant nos têtes, n'est qu'un assemblage insensé de flèches disloquées, penchées, désagrégées : ce qui surprend, c'est leur hardiesse et leur hauteur, et comment elles tiennent, et comment il y pousse tant d'admirables plantes fleuries.

... C'est tout plein de monde, là-haut ! — Du monde qui accourt, qui se perche sur les pointes, qui écarte les branches pour regarder qui arrive. — De vilaines figures... de longues queues... Ah ! des singes, des familles de grands singes, d'orangs au poil fauve. Un coup de fusil en l'air, plus personne ; tous cachés, disparus.

La Montagne-de-Marbre est verticale partout.

— Lee-Loo, où est cette grande pagode ?

Lee-Lo sourit :

— Tu vas voir !

— Je ne vois que la montagne sauvage, les aiguilles de marbre, et la verdure suspendue.

Lee-Loo, vert et orange, dit qu'il faut monter,
et passe devant. En effet, il y a un grand escalier
de marbre, taillé dans la roche vive; les décombres et le sable en cachaient l'entrée. — Nous
montons, et on dirait des jardins enchantés. —
Et je commence à comprendre que c'est la montagne elle-même qui est la pagode, la plus merveilleuse des pagodes d'Annam. Dans toutes les
crevasses, dans tous les trous du marbre, il y a
des fougères fines, des palmiers rares, des pan-
danus, des plantes frêles et exquises de serre. Et
des fleurs! — des orchidées blanches, des amaryllis rouges et orangées, et puis des profu-
sions, d'épais tapis de ces pervenches du Cap qui
sont d'un rose suave avec le cœur rouge de
pêcher.

Toujours des marches et des marches, l'escalier de marbre, bordé de rampes et de balustres,
monte au milieu du jardin féerique. — Et tout
cela tient, on ne sait comment, suspendu au-dessus du vide. — On a de temps en temps, au-dessous de soi, des échappées de vertige, ou bien on
voit de grandes flèches de marbre, toutes penchées
sur la plaine, tout de travers, séparées des autres
comme prêtes à tomber. Quefquefois on passe
sous des portiques très anciens, d'une forme chinoise d'autrefois; les monstres qui perchent
dessus ont pris la teinte grise du rocher. Les per-

venches du Cap font sur les marches une jonchée, une traînée rose.

A mi-côte, une grande pagode apparaît : les lianes et les pierres nous l'avaient cachée. Elle est au fond d'une cour silencieuse, dans une espèce de petite vallée sinistre. Les pervenches roses ont aussi envahi les dalles de cette cour. — La pagode est toute hérissée de cornes, de griffes, de choses horribles, de formes vagues et effrayantes. — Des siècles ont passé dessus. — Elle a un air de sépulcre, de demeure enchantée, bâtie là par des génies.

Et je demande à Lee-Loo; vert et orange : « C'est là cette pagode que nous sommes venus voir? » Lee-Loo sourit : « Non, plus haut. Mais regarde au dedans, par ce trou. » Au dedans, le sanctuaire est encore peuplé de ses idoles; elles sont assises au fond, dans l'obscurité, toutes couvertes d'or, étincelantes.

Lee-Loo dit : « Il faut d'abord aller chez le grand-bonze; sa maison est ici, à côté. » Il paraît qu'elle est habitée, cette montagne, par des bonzes solitaires. C'est une surprise; je croyais les grands singes seuls.

Dans une autre toute petite vallée qui s'ouvre à côté, mystérieuse, il y a en effet la maison de ce chef bonze. — Elle est très vieille, elle a un air hindou avec ses lourdes colonnes de bois rouge.

Dans la cour dallée de marbre, des paons font la roue, étalent leur queue magnifique; deux chats blancs dorment étendus.

Il sort et vient au-devant de nous, le vieux bonze, vêtu de blanc, la cagoule blanche sur sa tête jaune; ascète d'Asie amaigri dans les contemplations étranges. Des enfants bonzes le suivent, aussi vêtus de blanc. Des chiens accourent, tout hérissés, pour nous mordre. Les paons s'enlèvent, d'un vol lourd, sur les toits.

Elle est funèbre, cette cour dallée où se passe cette scène : les arêtes de marbre l'entourent, la surplombent de partout; elle est profonde comme un puits; elle semble une entrée des pays de la mort. Dans la maison des bonzes il fait sombre; les lourdes solives esquissent vaguement des formes de larves, des tournures de monstres. Tout est rongé de vieillesse et de poussière; — mais les idoles précieuses, revêtues de fin or, resplendissent au fond, tenant leurs yeux baissés, avec des sourires mystiques. Une grande fresque pâle, pâle, un bouddha mural, offre une ressemblance qui impressionne : l'image géante est assise, avec une auréole de saint byzantin, montrant d'un doigt le ciel, ayant un sourire doux, déjà connu ailleurs, rappelant d'une manière frappante un autre Dieu... le Jésus des chrétiens. Sous les idoles d'or il y a, dans la poussière, des gongs,

des cloches au son d'argent pour appeler les
Esprits, des instruments de torture. Les bonzes
sont des moines mendiants, gardiens de choses
précieuses, et vivant, misérables, des aumônes du
passant. Assis devant leurs idoles splendides, ils
mangent des racines et du riz dans des écuelles
de terre.

Nous montons plus haut, par le chemin de
marbre. — Il y a de temps en temps des échappées sur l'immense plaine triste, qui s'éloigne en
profondeur sous nos pieds, le pays des sables
arides ou des herbages verts, que paissent les
troupeaux de buffles. — Au loin, du côté de l'ouest,
on voit, jusqu'à Hué, les montagnes de l'Annam,
à demi perdues dans les nuages. — Du côté de
l'est, c'est la mer, dont le grand bruit sourd monte
jusqu'à nous dans le silence, — cette mer de Chine
éternellement brisante; sous ce ciel obscur, elle
est là-bas comme une nappe d'argent qui tremble...

Un portique apparaît devant nous, sous lequel
le chemin va passer; il est conçu dans un style
de rêve, il a des cornes et des griffes; il est comme
la forme tangible d'un mystère. Tant de siècles
ont passé dessus qu'il est devenu pareil à la montagne : toutes les autres pointes grises qui se
dressent partout sont du même marbre et du même
âge, — la porte des régions étranges qui ne veulent
pas être pénétrées...

— Lee-Loo, est-ce enfin la porte de la pagode que nous sommes venus voir?

Lee-Loo sourit :

— Oui, — c'est la montagne qui est la pagode. La montagne est aux Esprits, la montagne est enchantée. Il faut boire, encore boire *sam-chou*.

Et il remplit encore d'alcool de riz nos petites tasses peintes que porte un domestique jaune.

Il y a deux chemins qui s'ouvrent devant nous après ce portique franchi. L'un descend, l'autre monte; tous deux disparaissent à des tournants mystérieux dans les roches grises. Tous deux taillés dans le marbre vif, tous deux surplombés, encaissés; — et envahis par les plantes rares et magnifiques; tous deux nuancés des mêmes tons de grisailles, ayant sur leurs marches les mêmes tapis de pervenches roses.

Lee-Loo, vert et orange, semble hésiter, — et puis il prend, à main droite, le chemin qui descend.

Alors nous entrons dans le pays des enchantements souterrains.

... En effet, c'est *la montagne qui est la pagode.* — Tout un peuple d'idoles terribles habite les cavernes; les entrailles de la montagne sont hantées; des charmes dorment dans les retraites profondes. Toutes les incarnations bouddhiques, — et d'autres plus anciennes dont les bonzes ne savent plus le sens. — Les dieux, de taille humaine, se tiennent debout, tout brillants d'or, les yeux farouches et énormes ; ou bien sommeillent accroupis, les yeux à demi clos avec des sourires d'éternité. Il y en a qui sont seuls, — inattendus, surprenants dans quelque angle sombre. D'autres, en nombreuse compagnie, siègent en rond sous des dais de marbre, dans l'obscurité verte des cavernes ; — inquiétants de physionomie et d'attitude, ils semblent tenir des conseils. Tous, coiffés de la même cagoule de soie rouge. Les uns l'ont mise tout bas sur leurs yeux pour se cacher et ne montrent que leur sourire ; il faut la soulever pour les voir.

Les dorures, les couleurs chinoises de leurs costumes ont gardé une sorte de fraîcheur encore éclatante ; pourtant ils sont très anciens, la soie de leurs cagoules est mangée aux vers. Ils sont des momies, étonnamment conservées.

Les parois de leurs temples sont les roches de marbre restées primitives, festonnées en stalactites, ravinées au hasard par tous les suintements de la montagne.

Et puis en bas, tout à fait en bas, dans les cavernes d'en dessous, se tiennent d'autres dieux qui n'ont plus de couleur, dont on ne sait plus les noms, qui ont des stalactites dans la barbe et des masques de salpêtre. Ils sont aussi vieux que le monde, ceux-ci; ils vivaient quand notre Occident était encore la forêt vierge et froide du grand ours et du grand renne. Autour d'eux, les inscriptions ne sont plus chinoises; elles ont été tracées de la main des premiers hommes avant toutes les ères connues; leurs bas-reliefs semblent antérieurs à l'époque ténébreuse d'Angkor; — dieux antédiluviens, entourés de choses incompréhensibles. — Les bonzes les vénèrent toujours et leur caverne sent l'encens.

Le grand mystère solennel de cette montagne est d'avoir été, depuis qu'il y a sur terre des êtres qui pensent, consacrée aux dieux, emplie d'adorations. — Qui étaient ceux qui ont fait ces idoles d'en bas? Étaient-ils seulement bien pareils à nous? — Vivaient-ils plus que nous dans les ténèbres, ces premiers hommes autour desquels le monde était jeune? — Ou bien plutôt, ne voyaient-ils pas Dieu plus clair, de moins loin que nous avec nos yeux éteints?... Alors, émanés tout fraîchement de lui, ils avaient peut-être une raison de choisir ce lieu pour l'adorer... Et ils savaient peut-être ce qu'ils faisaient en lui donnant ces bras multiples, ces formes sensuelles et comme gonflées de tous les sucs de la vie, ces visages qui nous confondent, — à lui, l'incompréhensible qui, dix mille ans avant de créer dans la pâle lumière douce notre Occident chrétien, venait d'enfanter les germes étonnants de l'Asie et l'avait faite ce qu'elle a été : exubérante, lascive, colossale, monstrueuse.

. . . .

Sortis des souterrains, quand nous sommes remontés au portique d'en haut, je dis à Lee-Loo.

— Elle est très belle, ta grande pagode.

Lee-Loo sourit :

— La grande pagode?... tu ne l'as pas vue!

Et cette fois, il prend à main gauche le chemin qui monte.

Toujours les marches de marbre, les tapis de pervenches roses, les amaryllis, les palmes qui retombent, les grandes fougères rares. Il s'encaisse davantage, ce chemin, et ces tapis roses deviennent plus pâles, ces plantes plus frêles dans la fraîcheur plus profonde.

Sur ces flèches de marbre qui nous surplombent, les orangs au poil fauve apparaissent perchés partout, nous suivant des yeux, tous curieux, agités, avec des singeries de vieillards.

Un autre portique devant nous, d'un style inconnu, nous arrête. Il ne ressemble plus au premier, son étrangeté est différente. Il est simple, celui-ci, et on ne sait pas définir ce que cette simplicité a de *jamais vu;* elle est comme la quintessence et le dernier mot de tout. — On sent que c'est une porte de l'*au-delà*, et que cet au-delà est le néant au calme éternel. — Des enroulements vagues, des formes qui s'enlacent dans une sorte d'étreinte mystique, sans commencer ni finir, — éternité sans souffrance ni bonheur, éternité bouddhiste, anéantissement seulement et paix dans l'absolu *rien*.

Nous passons ce portique, et les parois, de plus en plus rapprochées, se ferment tout à fait sur nos têtes. Les orangs ont disparu tous ensemble, très vite, comme sachant où nous allons maintenant, et s'y rendant aussi, par un chemin connu d'eux, pour arriver avant nous. Nos pas résonnent sur les dalles de marbre avec cette sonorité qui est particulière aux souterrains. — Nous marchons sous une voûte basse qui entre au cœur de la montagne, dans l'obscurité noire.

La nuit, — et puis une clarté étrange nous vient, qui n'est plus celle du jour : une lueur verte, verte comme un feu de Bengale vert.

— La pagode! dit Lee-Loo.

Une porte irrégulière, frangée de stalactites, s'ouvre devant nous, donnant à mi-hauteur d'édifice dans le grand sanctuaire. C'est le cœur même de la montagne, une caverne haute et profonde aux parois de marbre vert. Les bas-fonds sont noyés dans une espèce de pénombre transparente qui ressemble à de l'eau marine, et d'en haut, d'une trouée par où les grands singes nous regardent, tombe un éblouissement de lumière d'une teinte inexplicable : on dirait qu'on entre dans une immense émeraude que traverserait un rayon de la lune... Et les pagodes, les dieux, les monstres, qui sont là, dans cette buée souterraine, dans ce mystérieux resplendissement vert d'apothéose, ont des couleurs éclatantes de choses surnaturelles.

Nous descendons lentement les marches d'un escalier que gardent quatre dieux horribles assis sur des bêtes de cauchemar. En face de nous, la base un peu perdue dans l'ombre, deux petits temples tout bariolés de bleu céleste et de rose s'élèvent comme des demeures enchantées des Génies de la terre. — Dans une déchirure des roches, une divinité colossale, coiffée d'une mitre d'or, est assise et sourit. Et, au-dessus des temples et des idoles, enfermant tout, la voûte de marbre est tendue comme un gigantesque et écrasant velum aux mille plis verts.

Ces dieux de l'escalier nous regardent en louchant avec leurs gros yeux faux et féroces ; ils rient jusqu'aux oreilles, de leur rire d'épouvantail. Pour nous laisser passer, ils ont un air de se plaquer aux parois, de retenir ces bêtes, leurs montures, qui nous font des grimaces de tigre. — Et, au faîte du grand dôme, au bord de la trouée

d'où tombent les rayons verts, les orangs sont
tous assis, jambes et queues pendantes, parmi les
guirlandes de lianes, observant, eux aussi, si
nous allons entrer.

Nous descendons en hésitant, avec une lenteur
involontaire, pris de je ne sais quelle horreur
religieuse inconnue et indicible.

Aux dernières marches de marbre, il commence à faire un froid souterrain; en parlant, nous
éveillons des sonorités qui défigurent nos voix...

Le fond de la caverne, d'un sable très fin, est
couvert de fientes de chauves-souris répandant
une bizarre odeur musquée, et criblé d'em-
preintes de singes qui ont forme de petites mains
humaines. Çà et là sont posés de vieux vases de
marbre, ou des autels pour les sacrifices bouddhiques.

Il y a aussi comme de très longs, de très gigantesques serpents bruns qui se laisseraient pendre
du haut de la voûte jusque par terre, — ou bien
des câbles énormes, d'un luisant de bronze, qu'on
aurait tendus dans toute la hauteur de cette
nef... Ce sont des racines de lianes, millénaires
peut-être, dépassant toute proportion connue. —
Et les orangs, qui s'enhardissent, font mine de
vouloir descendre le long de ces choses, pour
nous voir de plus près, familiers qu'ils sont du
sanctuaire.

Voici maintenant un groupe de quatre bonzes en robe violette, qui étaient venus par derrière sur nos pas, et qui apparaissent aux plus hautes marches de l'escalier, dans la trouée par où nous sommes entrés. D'abord, ils s'arrêtent là, au débouché du couloir souterrain, dans la pénombre couleur d'eau marine, — tout petits entre les dieux et les monstres. Et puis, pour venir à nous, ils descendent d'un pas rythmé, inondés peu à peu de reflets plus verts. Cela semble une scène ultra-terrestre, une entrée rituelle d'Esprits dans les demeures des cieux bouddhistes.

. . . .

— « Il faut boire, encore boire *sam-chou*. » Et cet alcool chinois, que Lee-Loo disait très nécessaire pour les visites chez les Dieux, très favorable aux communications avec les Esprits, à la fin nous endort.

Après cette chaleur du jour, cette fatigue de la jonque, étendus maintenant sur ce sable d'en bas, nous avons des sensations d'engourdissement dans de l'eau, de repos dans du froid; les choses s'obscurcissent, nous ne voyons plus qu'une indécise transparence verte; des dieux bleus et roses, il nous reste le souvenir seulement, avec l'impresssion d'être regardés toujours par leurs gros yeux fixes; — et puis, à mesure que nous devenons plus immobiles, la notion confuse d'un va-et-vient commencé sans bruit autour de nous par des personnages pas tout à fait humains ; — descentes silencieuses, glissements de silhouettes le long de cordes tendues ; — les grands singes qui arrivent !...

Ensuite le sommeil, absolu et sans rêves...

UN VIEUX

... Débile, tu t'en iras, de porte en
porte, raconter ta jeunesse aux petits
enfants et aux vendeurs de saumure.
G. FLAUBERT (*Salammbô*).

I

Il habitait une toute petite maison très ancienne,
à mi-hauteur de falaise, sur la route qui va de
Brest au phare du Portzic. Le long de ce chemin,
dans d'autres demeures pareilles, beaucoup de
« retraités de la marine » finissaient de vivre.

La sienne, adossée à des contreforts de granit
où poussaient des ajoncs, regardait d'assez haut
la rade grise et profonde, la pointe de la Cormo-
randière, — et le Goulet, entrée de la pleine mer,
par où les navires arrivent.

Un jardinet, au mur tout bas, la séparait des passants ; à travers des arbustes très vieux, à bout de sève, on la voyait, renfoncée, tapie contre les roches avec un air sombre. Constamment elle était battue par les vents d'ouest, les mauvais temps noirs, les grains des équinoxes ou les longues pluies des hivers.

Quand le ciel était un peu beau, l'homme qui demeurait là tout seul s'asseyait devant sa porte. Sa barbe, d'un gris blanc, formait un collier clair autour de sa figure brune, qui semblait taillée à grands coups de hache dans une souche de bois mort.

Il portait des boucles à ses oreilles et se tenait très droit. On voyait qu'il était usé, usé jusqu'à la moelle, mais d'une usure particulière, d'une vieillesse qui n'était pas celle de tout le monde ; il était impossible, en le regardant, de lui donner un âge.

Pour les rares promeneurs, pour les ouvriers qui s'en revenaient de Brest, le soir, après leur travail, jamais il ne relevait la tête. Seulement, quand passait un col bleu, une figure de matelot, il semblait intéressé ; il s'avançait pour voir, et il suivait des yeux cette silhouette dégagée et dandinante qui s'en allait se découpant sur les lointains gris de la mer.

Des deux côtés, vers Brest et vers le Portzic,

le chemin fuyait en montant et semblait finir tout court sur les vides brumeux de la rade et du ciel; les passants surgissaient par un bout et puis disparaissaient par l'autre, en ayant l'air de s'abîmer. On avait autour de soi des blocs de granit, des bruyères et des épines; et là, même aux portes de la grande ville, on commençait à sentir le je ne sais quoi d'âpre et de mélancolique du pays breton.

L'été, par les vrais beaux jours, il apportait dans son petit jardin un perroquet du Gabon gris, à queue rouge, dont le bâton était en bois des îles, et qui avait pour mangeoires des moitiés de coco. Il témoignait beaucoup de sollicitude à ce vieil oiseau, qui restait taciturne sur son perchoir, dans une pose caduque.

Si, par hasard, il faisait un peu chaud, tous deux semblaient revivre. Le perroquet parlait; sans remuer toujours, il répétait d'une voix de ventriloque des injures de bord. L'homme, comme si on eût été en pays tropical, mettait de l'eau à rafraîchir dans une gargoulette d'Aden, s'habillait d'un paletot en nankin de coupe chinoise, et s'éventait avec une feuille de palmier.

Quand les fenêtres étaient ouvertes, on apercevait, à travers les branches d'une véronique arborescente, un coin de ce ménage de solitaire qui était propre et aussi bien rangé que par les mains d'une femme très soigneuse; il y avait sur la cheminée deux potiches, deux magots, des coquillages et différents objets exotiques.

En juin et en juillet, un pâle soleil oblique entrait furtivement, sur le soir, et semblait s'attarder en retrouvant là ces choses.

Ensuite, après la mélancolie de ces étés courts, les brumes sombres revenaient, pendant de longs mois, tout envelopper et tout obscurcir.

Les gens qui, depuis longtemps, demeuraient aux environs, se rappelaient avoir vu, dix ans auparavant, arriver ce vieux. C'était déjà un homme fini, bien que ses yeux fussent alors un peu moins éteints, son collier un peu plus noir. Il s'était installé seul, arrangeant tout avec un soin égoïste, comme pour une existence encore très longue.

Mais il était tombé, tombé d'année en année, de saison en saison. Son regard triste était presque effrayant à force d'avoir perdu toute expression vivante. Il lui restait cette taille droite qui lui donnait une démarche de fantôme, et il se mouvait lentement, avec raideur, tout d'une pièce comme une grande momie.

II

Il se souvenait d'avoir été jeune...

Ce temps-là avait existé bien réellement. Il lui en revenait quelquefois des visions confuses qui dilataient ses yeux morts.

Mais, sous la tension de son esprit qui voulait les ressaisir, tout de suite elles se dérobaient en s'éteignant, et ces efforts de sa vieille mémoire laissaient après, dans sa tête vidée, comme l'impression physique d'une douleur.

De même, au réveil, on s'étonne de retrouver tout à coup une image échappée d'un rêve qu'on avait fait la nuit; on cherche à la fixer, à la relier à d'autres pour recomposer une suite qui devait avoir un charme très étrange. Mais, au contraire, plus vite elle s'efface, insaisissable, laissant dans l'esprit un vide, une sorte de mystérieux trou noir.

III

Il se souvenait d'avoir été beau, leste et fort...

Oh! sa force, qui la lui rendrait maintenant!
Oh! ses bras de matelot, ses bras durs qui, en
se contractant, se gonflaient avec des rigidités de
marbre, qui étaient capables de tout briser sous
leur puissance; qui, dans les mâtures balancées,
secouées, tenaient ferme comme des crampons de
fer!...

A présent, ils peinaient et tremblaient rien que
pour soulever une chaise. De chaque côté du
grand coffre creux de son corps, ils pendaient
amollis, et, à la place des muscles disparus, les
veines seules s'y croisaient, comme de longs vers
bleus sur des membres de cadavre.

Quand les bricks de l'école des mousses louvoyaient sur la rade, toutes leurs voiles tendues au vent d'ouest, il se mettait derrière ses vitres pour les voir passer. Ces petits enfants de la mer, aux rudes vareuses de toile, étaient répandus comme des points blancs en haut dans les cordages, courant au son des sifflets d'argent, courant dans le vide le long des fils minces, courant des pieds et des mains comme de jeunes singes.

Lui qui les regardait n'entendait plus rien à ce trop-plein de leur vie neuve, à cette ivresse du mouvement qui les faisait tant courir. Non; mais son enfance à lui aussi s'était développée, sur cette rade, à faire ce métier sain et dur; alors il les contemplait longuement et éprouvait, à les voir, des impressions mélancoliques, — qui n'avaient presque plus de forme, tant elles étaient affaiblies et lointaines...

IV

Il se souvenait d'avoir eu des maîtresses...

C'était du temps où ses yeux roulaient vite entre leurs cils noirs, jetant de droite et de gauche leur flamme jeune et virile, leur éclat dominateur.

Il avait été attendu, prié, désiré à genoux. On avait soupiré en se pâmant sous les baisers de ses lèvres; — à présent, le scorbut et les humidités de la mer les avaient rongées; ses belles dents blanches, que les filles embrassaient, étaient devenues ces ivoires jaunis, inégaux, au milieu desquels les pipes de terre avaient fait une brèche ronde.

Des femmes, des femmes bronzées, des femmes noires, des femmes blanches avec des tresses blondes... Il retrouvait de temps en temps dans

sa mémoire la figure de l'une, les mots de tendresse d'une autre et sa chair douce ; elles repas-
saient lentement comme des images spectrales,
confuses, pas au point, renvoyées par des prismes
trop lointains. Il ne les regrettait même plus et
s'étonnait seulement d'avoir pu autrefois leur
donner tant de cette vie dont il était aujourd'hui
si avare.

L'amour ; les regards de désir qui enveloppent ;
les lèvres qui se tendent pour être embrassées ; le
charme éternel qui fait les créatures se chercher
et s'étreindre ; tout cela était fini, était mort.
Même il ne se l'expliquait plus ; quelque chose à
présent lui manquait pour le comprendre ; la clef
du mystère délicieux était pour lui à jamais
perdue... Et il se préoccupait de ce qu'il mange-
rait ce soir ; de son petit souper à préparer, seul,
à la lumière de sa petite lampe, avant de s'étendre
de très bonne heure sur sa couche glacée.

V

Il se souvenait d'avoir eu une femme... Cela avait duré juste un printemps : des baisers échangés les soirs d'avril, dans le calme honnête d'un logis à deux.

Il était presque un peu âgé pour un matelot, — trente et un ans — quand il avait pris cette jeune fille en mariage à Port-Louis.

Il y avait eu un cortège, des violons, un *lendemain* à Lorient...

D'abord il avait goûté cette nouveauté de l'avoir à soi tout seul; il avait trouvé un charme à dire : ma femme; à la promener en plein jour à son bras; à rentrer le soir avec elle dans leur petit ménage qu'il avait monté avec ses économies de campagne. Deux ou trois de ses camarades

avaient fait comme lui, ce printemps-là, s'amusant aussi à jouer à l'homme marié, entre
deux voyages lointains. Et on se saluait gravement quand on se rencontrait à la promenade,
dans les chemins déjà verts.

Et puis quelque chose de plus profond était
venu tout de suite; il avait reporté sur elle tous
ses besoins d'affection, tous ses élans de vraie
tendresse de pauvre abandonné; imaginant des
caresses plus chastes, des galanteries nouvelles;
redevenant doux et presque timide comme un
enfant...

．　．　．　．　．　．　．　．　．　．　．　．　．　．　．

Un beau jour, un ordre d'embarquement sur
la *Pomone* : trois années à errer dans l'océan
Pacifique!...

A son retour, elle vivait avec un vieux riche de
la ville et portait des robes à falbalas...

VI

Il se souvenait d'avoir eu un enfant, une fille...

Un matelot la lui avait prise, un certain soir de mai, une année où le printemps en Bretagne était beau et les nuits tièdes. Ce souvenir l'attendrissait encore, mais c'était le seul.

Cela le reprenait quand ses yeux rencontraient un petit cadre de coquillages, où était son portrait en première communiante avec un cierge à la main. Alors ses traits se contractaient tout à coup dans une espèce de grimace d'un comique à fendre l'âme, et il pleurait : deux larmes seulement, descendaient le long de ses joues parcheminées de vieillard, dans les rides, et puis c'était tout.

Sa femme, quand il l'avait chassée, lui avait

laissé cette frêle petite de deux ans. Oh! elle
était bien de lui; c'était son front, son regard,
son sang; et il la revoyait toujours, cette figure
d'enfant, qui n'était autre que la sienne propre,
mais raffinée, retrempée de candeur et de jeunesse, et comme refondue en cire vierge... Oui,
pendant seize années de sa vie, il s'était privé de
beaucoup de choses, en campagne; il avait
rapiécé lui-même ses vêtements, lavé son linge,
pour avoir plus d'argent au retour, amassant tout
pour cette petite. Elle était délicate et blanche,
un air de petite demoiselle de noble, et il l'en
aimait d'autant plus, lui si rude. Une vieille
femme en qui il avait confiance l'élevait moyen-
nant une pension, à Pontanezen; à ses retours, il
la retrouvait toujours plus grandie; chaque fois,
c'était presque une nouvelle personne; il lui
rapportait des choses étrangères qu'il achetait
pour elle : des chinoiseries, des oiseaux du Brésil,
une perruche. Il avait placé l'argent de ses
décomptes, pour elle encore, plus tard. Pendant
ses courts séjours dans Brest, il voulait qu'elle fût
bien habillée et heureuse. A la fin, c'était une
grande jeune fille, souple, avec quelque chose de
distingué dans sa démarche un peu lente; elle
lui donnait le bras dans les rues. Cela l'amusait,
ayant conservé son air assez jeune et sa taille
droite, dans sa tenue de second maître, d'entendre

les autres le lendemain causer entre eux : « Kervella qui a fait une bonne amie ! » et lui dire :
« On t'a vu, Kervella, avec ta maîtresse, une belle jeunesse. »

Lui alors de répondre, sans se fâcher, avec un bon rire : « Ma maîtresse, tu dis ?... Ma fille, donc. »

Un matelot la lui avait prise, un certain soir de mai, une année où les nuits de printemps étaient tranquilles et tièdes. C'était un gabier. Il avait vingt-trois ans. Elle l'avait connu au premier bal où on l'avait menée pour une fête de mariage.

Il s'était mis à lui faire la cour, et, un soir, la vieille innocente qui la gardait les avait laissés sortir ensemble. Elle était partie joyeuse en sa compagnie, elle toujours seule avec des étrangers qui la glaçaient, toujours enfermée en face de vieilles femmes aux figures laides, occupée à des ouvrages de couture, et jamais aimée, jamais caressée que par ce père lointain qui ne revenait plus. Et maintenant elle était prise peu à peu d'une langueur inconnue en marchant dans la campagne, un si beau soir, appuyée sur ce bras fort, dont on sentait à travers la chemise de laine bleue jouer les muscles durs. Il lui disait des choses enfantines et très douces, — l'air si honnête, si respectueux pour elle. Il riait d'un bon rire franc, renversant son col couleur de bronze, — ce qui

est la manière de rire de ceux qui ont le cœur
ouvert, — et, montrant ses dents blanches, toutes
égales, toutes pareilles jusqu'au fond... Et puis
ils s'étaient trouvés assis tous deux au bord d'un
chemin où ne passait personne, sur l'épaisseur
nouvelle et toute fraîche des plantes de mai. Une
tiédeur amollissante dans l'air et des odeurs d'au-
bépine. On voyait la rade immobile, gris de lin,
avec des traînées de lumière très voilée, s'éteindre
dans la nuit.

Pauvre petite solitaire!... Le matelot aussi
s'était senti peu à peu prendre de cette langueur,
— mais qu'il connaissait bien, lui. Sans l'avoir
prémédité, sans l'avoir voulu, il s'était laissé
griser en entendant, dans le silence, cette petite
voix à la fois suave et un peu voilée de toute
jeune fille, en sentant contre son corps le balance-
ment de cette forme souple, qui devait être enla-
çante comme une liane et douce au toucher
comme un ivoire. A un moment, il s'était mis à
dire des choses vagues qui n'avaient plus de suite
ni de sens, — elle avait vu tout près, se penchant
sur elle, le ruban de ce bonnet de drap où brillait
encore en lettres dorées le nom de la *Flore*, son
bateau; elle avait senti, presque à toucher sa
bouche à elle, ce sourire du matelot, senti sur
elle-même le frôlement de cette joue et de cette
barbe noire. Il tremblait, comme s'il eût fait

grand froid. Alors anéantie, tremblant elle-même de tout son corps, elle avait éprouvé comme un besoin de se fondre en lui et elle avait compris avec le peu qu'elle savait des choses mystérieuses, qu'elle allait être perdue... si c'était bien se perdre que se donner à lui, si bon et si beau ! Et, au lieu de s'échapper, de se défendre, elle avait jeté ses bras autour de son cou brun, enivrée de se presser contre son corps, qui exhalait une senteur humaine de force et de jeunesse... Et puis la nuit était descendue les couvrir.

Environ dix mois plus tard, un jour d'hiver, Jean Kervella revenait à Brest, de sa quatrième campagne de Chine. Le premier débarqué de tous, le premier sauté sur la terre bretonne, il se hâtait vers le faubourg de Pontanezen, portant sur son épaule ses cadeaux pour sa fille, dans son *sac*, qui était orné d'une peinture représentant un vaisseau sous toutes voiles.

Mais là-bas, devant la porte de cette maison où il allait rentrer si joyeux, la vieille gardienne de son enfant l'avait glacé sur place par une figure sinistre : balbutiante, atterrée de le voir, elle se cramponnait à lui pour le retenir.

Quoi ! qu'est-ce qu'il y avait ? Est-ce qu'elle était morte, sa fille ? Il avait senti en plein cœur un coup brusque et atroce. — Non, ce n'était pas cela. — Très malade donc ? — Peut-être... oui ;

mais non, pas cela seulement. — Quoi alors? Il la sommait de dire vite, la secouant par le bras, tandis qu'elle lui barrait toujours le chemin, hébétée, à cette porte. Où était-elle, à la fin? En haut, dans sa petite chambre? où l'avait-on mise?...

D'autres femmes descendaient, faisant les empressées, les bonnes matrones, avec des *hélas!* en le voyant, des airs mystérieux de commères. Ah!... il comprit, il eut un éclair, une intuition de son malheur, et il dit le mot brutalement. — Oui, c'était bien cela.

Et alors il monta bien vite, mais avec des jambes qui tremblaient; et, sentant une honte qui lui chauffait le visage, sentant une fureur affreusement douloureuse qui s'exaspérait, à chaque marche de cet escalier, dans sa tête de Breton.

Mais quand il la vit si blême, dans son pauvre petit lit, les narines déjà pincées par la mort qui venait, il ne trouva plus rien à dire; devant ce regard effaré et suppliant qu'elle fixait sur lui, tout simplement, il pleura.

A voix basse, à mots couverts par pudeur, il s'informait auprès des femmes qui étaient là. Et sa colère tombait à mesure : c'était *un* de la *Flore*, qui lui avait promis mariage; il s'appelait Pierre Daniel, et il était gabier.

Au commencement, il avait eu peur que ce ne fût quelque freluquet de la ville, — pour de l'argent. Un gabier, il aimait mieux cela; on les marierait au retour de cette *Flore*.

En effet, il était bon, ce Pierre Daniel; certainement s'il avait su, s'il s'était douté, il serait revenu l'épouser, cette petite, pour ne pas lui faire de la peine, ni à son père, un second maître, un *manœuvrier* comme lui. Mais la *Flore* était très loin; personne n'était venu lui dire cela, au pauvre garçon. Et, un jour de paye, au Pérou, il avait déserté.

Le soir, elle mourut en mettant au monde l'enfant du matelot, qui, lui, voulait bien vivre.

Jean Kervella paya très cher une nourrice, — qui bientôt laissa aussi mourir ce tout petit innocent en lui donnant à regret un mauvais lait d'ivrognesse.

Les cadeaux étaient restés dans ce sac de toile, avec tout le bonheur de ce retour, attendu et rêvé pendant trente mois.

Et cette journée, la journée terrible, avait fait dans sa vie comme un large coup de sabre tranchant tout, séparant toutes les choses d'avant de celles qui survinrent après. Longtemps, bien longtemps, cette scène était restée vivante et déchirante dans son souvenir, dans ses rêves, dans ses réveils cruels.

Cela s'oubliait à présent, ainsi que le reste. Tant d'années avaient passé là-dessus, comme

des couches de terre entassées lentement sur un
sépulcre...

Le portrait de la petite communiante jaunissait
peu à peu dans son cadre de coquillages, qui se
décollait à l'humidité des hivers. Il datait de
l'enfance de la photographie : elle, qui était très
jolie pourtant, on eût dit d'un pauvre petit singe
tout penaud, tenant son cierge avec la peur d'être
battu. Il l'avait fait reproduire plusieurs fois,
traînée avec lui à bord de plusieurs navires;
l'épreuve ainsi encadrée était la dernière, la
moins effacée. Et, malgré tout, elle lui ressemblait
encore; dans cette toute petite figurine drôle, maintenant plus vague qu'une ébauche et où deux taches
jaunes représentaient les yeux, il restait un je ne
sais quoi indestructible émané d'elle, — tout ce
qui survivait sur terre de la petite morte.

Depuis bientôt vingt ans, elle était au cimetière,
et son souvenir, resté seulement dans la tête de
ce vieillard, commençait déjà à s'y éteindre.

Il regardait beaucoup moins souvent ce portrait de sa fille, qui avait été si longtemps une
relique sacrée. Il s'inquiétait davantage de quelque chose qui commençait à venir certains jours
au bas de ses jambes amaigries, un mauvais gon-
flement pareil à la boursouflure d'un mort.

VII

Presque aussitôt après l'avoir couchée dans la
terre, il avait fallu repartir, s'éloigner encore
pour des années du pays breton, où elle venait
à peine de s'endormir sous sa croix grise.

Alors il était devenu un de ces hommes durs qui
roulent la mer sans but dans la vie et sans aucun
désir de retour nulle part. Son commandement et
son coup de sifflet avaient pris un son nouveau,
qui était bref et sombre. Nuit et jour, il n'était
occupé que de voiles ou de cordages, et menait
rudement ses gabiers, sans un mot de contentement
quand ils avaient bien fait. Jamais il ne chantait
le soir, et il veillait constamment, sans faiblir.

De Hong-Kong, une fois, il avait envoyé une
forte somme d'argent à cette femme qui jadis

gardait sa fille ; c'était pour acheter à perpétuité
ce petit morceau du sol breton où on l'avait
mise et y faire placer une pierre recouverte de
marbre. Une lettre donnait à ce sujet ses instructions compliquées, longuement conçues pendant
les veilles de la mer.

Cette femme, quand il revint à Brest, était
devenue une pauvresse imbécile qui ne se souvenait plus d'avoir rien reçu ; s'étant mise tout à
coup à boire, elle avait dépensé cela dans des
cabarets, avec des amis... Et lui, pendant cinq
années de voyages et d'aventures, sous le grand
soleil dévorateur, lui, n'avait pas eu d'autre
préoccupation intime, pendant ses heures de
quart, pendant ses nuits d'insomnie, que de conserver inviolable cette sépulture de jeune fille,
qui était là-bas sous le ciel brumeux de Bretagne.

Vite il courut à sa petite tombe : la terre y
était retournée de frais, et on y avait planté
une croix neuve portant le nom d'un vieillard
inconnu. Sur les marches de l'ossuaire, parmi
d'autres débris lamentables de vases et de fleurs,
il revit le dernier cadeau qu'il avait fait à son
enfant mort : une couronne de perles, avec une
inscription au milieu et une pensée...

Allons, c'était fini ; on l'avait mêlée aux autres...

Et, à la nuit tombante, il s'en revint seul de ce
cimetière.

VIII

Des années, encore des années avaient passé
là-dessus. Ses campagnes, ses fatigues, ses nuits
de veille, de souffrance ou de plaisir, avaient con-
tinué de s'accumuler les unes par-dessus les
autres, sous tous les climats du monde. Il avait
eu une insolation au Gabon, la fièvre jaune au
Sénégal, la dysenterie en Cochinchine; et des
échouages et des naufrages; et des blessures, des
balafres et des fièvres.

Un amiral, — qui souvent reparaissait encore
dans sa vieille mémoire, — l'avait pris en estime,
et alors, l'ambition lui était venue.

Pendant une expédition d'Afrique, on l'avait
décoré à cause d'une balle reçue volontairement
en pleine poitrine, en se jetant devant un officier,

par un mouvement sublime, pour le couvrir de
son corps.

A la fin, on l'avait nommé premier maître, un
grade honorable et assez bien rétribué, le plus
haut que les matelots puissent atteindre.

Et comment dire ce qu'il avait dépensé pour
en venir là, d'années, de force, de vigilance,
d'énergie, de voix et de muscles, et de souffle
dans son sifflet d'argent!...

Cependant les femmes ne le dédaignaient pas
encore. Il avait gardé sa belle tournure et son air
de décision. Avec le temps il avait repris sa gaieté
mordante de matelot; peu à peu lui était venu ce
genre d'esprit des grands rouleurs auxquels l'habitude des situations extrêmes donne une étonnante aisance; rien ne le déconcertait jamais, et
il tranchait tout par des reparties brèves, auxquelles se mêlaient bizarrement des images
empruntées aux choses de la mer.

Les femmes ne le dédaignaient pas encore, et
pourtant il était *usé*, — comme on dit en marine
aussi bien des vieux serviteurs que des vieux
navires.

Usure des marins, sourde, profonde, que rien
n'arrête plus. Tous les vents et tous les soleils
les ont vidés sans qu'il y paraisse, et un beau
jour ils s'affaissent. Alors tout se paye : excès de
travail musculaire qui leur avait fait les bras

si forts; changement perpétuel des climats;
gaspillage de sève et de vie; alternance des
séquestrations de la mer et des périodes de
plaisir où on se donne cœur et sang à des filles
quelconques écloses au soleil. Et les longues
nuits de quart, dans les embruns et la pluie;
et les tensions d'esprit, et les responsabilités dans
les mauvais temps, et les heures d'angoisse...

Jean Kervella était déjà très usé par toutes ces
choses quand il était venu attendre sa retraite à
la division de Brest, encore cambré et de bonne
allure dans son uniforme de maître, avec un
ruban rouge à sa boutonnière.

Et c'est alors qu'il avait acheté sa petite maison
de la route du Portzic, pour finir là sa vie en
face de la rade et des navires.

IX

Le jour de sa retraite avait été un jour comme
tous les autres. Ni les gens ni les choses n'avaient
semblé prendre beaucoup garde à ce vieux serviteur qui s'en allait pour toujours.

A l'heure habituelle du branlebas, bien avant
l'aube, dans ces grandes chambrées de la division qui ont pris quelque chose de la rudesse
et de la senteur des navires, les matelots nus
avaient sauté à bas de leurs hamacs qui étaient
accrochés en rang à des barres de fer. Lui seul
s'était senti troublé à son réveil, songeant avec
un sentiment indéfinissable que c'était sa dernière journée. Ensuite le va-et-vient alerte, et
tous les lavages du matin, et tous les bruits de
cette vie commencée avant le jour, s'étaient suc-

cédé régulièrement, comme de coutume, au son
des tambours et des clairons. Ceux qui la veille
avaient eu la permission de nuit, ou qui l'avaient
prise, étaient rentrés l'un après l'autre, l'allure
excitée, ayant aux lèvres un goût de plaisir. Et
puis le soleil un peu voilé d'automne, s'était
levé, lui aussi, à son heure.

Avant le dîner de midi, lui, Kervella, avait
passé l'inspection de sa compagnie, — avec son
uniforme le plus neuf, mis par coquetterie pour
cette dernière fois. Quelques maîtres l'abordant,
le félicitaient : il était arrivé à ce terme auquel
peu de marins ont le bonheur d'atteindre; il
allait donc enfin se reposer, *avoir un petit jardin,*
et, comme ils disaient *vivre de ses rentes.* —
Quelques-uns au contraire, sachant qu'il était
bien usé, l'appelaient : « Mon pauvre Kervella, »
avec de ces airs contrits que l'on prend pour
quelqu'un qui s'en va mourir. Puis c'étaient des
adieux, des poignées de mains. Lui se croyait
très content et s'efforçait de trouver des choses
joyeuses à leur dire.

Autour de lui continuait le train familier de
cette grande caserne qui est comme le vrai quartier général, la maison mère des hommes de la
flotte.

L'heure du repos était arrivée. Entre les
grands murs lisses, impropres aux escalades, ils

se promenaient par groupes, les marins, bien
plantés sous leurs vêtements larges, avec des
allures molles ou impatientes d'enfants prisonniers. Ceux qui avaient navigué, les vrais, les
formés, dont le visage avait noirci au soleil des
tropiques, se contaient, en fumant, des aventures
de campagnes, échangeaient des confidences
amoureuses concernant des petites filles du voisinage, ou bien dépensaient leur excès de force
aux barres de fer du gymnase. Et les nouveaux,
les tout jeunes à figure ronde, *inscrits* à peine
arrivés des barques de pêche ou des villages de
la côte bretonne, regardaient, un peu effarouchés,
avec des yeux naïfs, attendant impatiemment
ce col bleu et ce bonnet à pompon qu'on allait
leur donner; ceux-ci étaient dévisagés par les
anciens, qui échangeaient sur eux des réflexions
et, à côté de critiques un peu brutalement
exprimées, on entendait de temps en temps cet
éloge suprême : « C'est encore sauvage, mais ça
sera solide! »

Tout le jour, dans son uniforme neuf, il avait
fait des allées et venues, sans but au milieu de
ces groupes; et puis, dans tous ces escaliers où
dévalaient quatre à quatre des jeunes hommes
très lestes, faisant un bruit de cheval échappé; et
dans ces grandes salles ouvertes au vent qui
sentaient les planchers lavés et le goudron.

Là, partout, c'étaient des souvenirs de toutes les époques de sa vie... Quand on a servi quarante ans dans la flotte, on y est bien souvent passé, dans ce quartier de Brest; bien souvent à des retours de campagne, on y est rentré joyeux, les poches pleines d'argent; bien souvent on en est reparti, descendant les marches de granit qui mènent au port, ses deux sacs de toile sur le dos, — joyeux encore ou bien le cœur déchiré, — s'en allant au loin, à l'inconnu. Et lui voulait revoir tous ces recoins-là. Il avait aussi des démarches à faire dans les bureaux où les fourriers trônent, des papiers à compléter, des signatures à attendre, tout comme à la veille des grands départs. Surtout il sentait un besoin de se remuer, de s'agiter, et, malgré son contentement indiscutable, une nécessité de s'étourdir.

Le soir, dans sa chambre de caserne, il quitta, avec un premier serrement de cœur, son uniforme de maître, enferma dans un costume noir, dont la coupe le vieillissait déjà de plusieurs années, son grand corps tatoué, qui, en son temps, avait été superbe, et, tout compte réglé avec l'État qui lui avait suffisamment payé sa vie, il sortit du quartier.

A la porte, des jeunes gens qui rentraient ivres, impitoyables dans leur exubérance de mouvement, bousculèrent ce *civil* qu'ils ne connaissaient plus. Mais des amis, le voyant partir seul, le rejoignirent par politesse pour lui faire une dernière conduite; ensemble ils entrèrent boire, et on porta à la ronde la santé de l'heureux « rentier ». Il continuait de se croire très content et de le dire. Dans la rue, toujours des jeunes qui passaient; les portes du quartier venaient de s'ouvrir toutes grandes : c'était l'heure où on lâche les marins pour la nuit; s'en allant à des rendez-vous de femmes, ils chantaient à pleines voix :

. . . . , ...
Enfants, cueillez tour à tour
Des jours de folie
Et des nuits d'amour.

Cette année-là, parmi les matelots, c'était la chanson en vogue. D'un groupe à l'autre, sans se connaître, ils se la renvoyaient et la reprenaient en chœur. Même elle était redite par les petites filles de ce faubourg qui s'accoudaient au granit de leurs vieilles fenêtres pour les voir passer; elle était chantée par ces petits minois pâles ou roses, aux yeux battus par l'ardeur des premières voluptés, qui sortaient le soir sur le pas de leur porte pour guetter leur amant à col bleu; toutes les nuits, elle était comme un hymne de plaisir emplissant ces rues grises.

Et lui qui s'en allait pour jamais, suivi de la

gaie chanson des jeunes, s'était mis par bravade à chanter aussi :

> . . . .
> Des jours de folie
> Et des nuits d'amour.

— As-tu vu, ce vieux, aussi donc! avait dit une petite effrontée qui était derrière une porte à attendre son gabier...

... L'obscurité tombait quand il se retrouva seul, hors des murs de Brest, sur la route du Portzic. Le vent d'ouest, lui fouettant le visage, apportait la senteur des goëmons de la mer.

La nuit était close quand il ouvrit la barrière de son petit jardin et entra dans son logis de retraité où il allait coucher pour la première fois.

A une place d'honneur, au-dessus de la cheminée, il suspendit pour toujours son sifflet d'argent... C'était étrange, cette mélancolie inattendue qui le prenait maintenant, comme si cette soirée eût marqué pour lui la fin de toutes choses... Elle était bien rangée, sa chambre, et il avait tenu à ce qu'elle eût un joli aspect. Plusieurs des objets ornant ce ménage de vieux forban, ramassés aux quatre coins du monde dans des aventures ou des pillages, avaient des physionomies extraordinaires qui rappelaient des pays lointains. Et, auprès du lit, le portrait de la petite morte, — moins effacé dans ce temps-là, — regardait vaguement en tenant son cierge.

Il prit à deux mains ce cadre de coquillages, et, son cœur s'amollissant malgré lui, dans cette soirée heureuse, une première larme se mit à descendre jusqu'à sa barbe déjà blanche. Il était d'un vrai sang de marins bretons, et ces hommes d'apparence rude, qui vivent sur la mer, gardent toujours au fond de leur cœur le souvenir unique et ineffaçable de quelque coin de village ou de quelque petite figure douce qu'ils ont aimée.

Le vent d'ouest sifflait sous sa porte; derrière sa maison solitaire, il s'engouffrait dans la cour humide que surplombaient le granit et les ajoncs; — là-bas, au large, il devait faire gros temps et la nuit allait être dure. Mais il en avait fini pour jamais avec ces angoisses-là, fini avec ces nuits noires et sinistres, avec ces grands bruits des eaux furieuses, avec toutes ces épouvantes de la mer qui font blêmir de froid et de peur; tout pouvait bien siffler à présent et tempêter dehors; jamais, jamais cela ne le regarderait plus. Comme il allait être heureux! Plus de dangers, ni de travail, ni de peine; chaque soir s'endormir tranquille dans un vrai lit pour la nuit entière; cultiver un petit jardin, — une chose tout à fait nouvelle qu'il avait toujours désirée, — et puis se soigner lui-même. Avec tant de repos et de précautions qu'il allait prendre, pour sûr il ne pouvait manquer de retrouver encore de belles années, même de rajeunir...

Et pourtant il pleurait toujours; ses larmes, qui d'abord étaient lentes comme les suintements des pierres, coulaient maintenant plus rapides, plus pressées, comme une mauvaise pluie.

Et puis, qu'est-ce donc qui le prenait?... Ce n'était plus seulement le regret de sa fille morte; c'était une détresse intime et profonde, — son grand contentement de tout le jour, qui à présent se fondait en des sanglots suprêmes et en une envie de tout de suite mourir...

X

Le lendemain de ce jour de retraite, il s'était
réveillé de grand matin, saisi de ce silence,
étonné d'être seul chez lui, comprenant pour la
première fois qu'il n'était plus qu'un vieillard.

Et alors avait commencé pour lui cette vie de
la fin, qui, de semaine en semaine, s'imprégnait
davantage d'un mauvais goût de mort. Il s'affai-
blissait, malgré les soins, malgré le repos. Replié
sur lui-même, dans le calme soudain de cette
existence de retraité, c'était maintenant qu'il
sentait la lourde fatigue de ses quarante années
de mer et qu'il avait conscience, mais trop tard,
de son irrémédiable usure.

Au bout de cinq années de cette vie douce, la
destruction avait marché si vite que, s'il retrou-

vait d'anciens amis, il était presque obligé de dire son nom pour être reconnu.

Les nuits surtout l'exténuaient. Il avait jusqu'au matin des sueurs et de mauvais songes. Il semblait que sa tête se vidât lentement dans ce mystérieux travail et ces évocations du sommeil. En se réveillant, il souffrait des bras et des jambes ; il était brisé comme, dans sa jeunesse, après ces grandes dépenses de force qui lui avaient fait des muscles si puissants. Mais c'était le contraire qui se passait aujourd'hui dans tout son corps ; ses membres diminuaient, diminuaient, pendant ces transpirations de la nuit, et la charpente osseuse commençait à saillir sous la chair amollie.

Toujours des scènes semblables revenaient dans ses rêves. Il se croyait à bord, sur sa couchette, manquant d'air, la nuit d'un gros temps, au fond de quelque entrepont fermé ; alors on venait le chercher, lui rappelant qu'il était de quart et qu'on manœuvrait là-haut. Vite il voulait s'habiller, courir, exaspéré d'avoir manqué à son service, pris d'une anxiété affreuse en songeant à ce qui pouvait se passer dans la mâture. Mais il ne trouvait pas ses vêtements, il ne rencontrait aucune issue pour monter et ne se reconnaissait plus... Ou bien, s'il arrivait jusque sur ce pont et comprenait la manœuvre à faire, c'était son sifflet qui ne rendait plus aucun son, ses bras qui n'avaient plus aucune force, et il se débattait longtemps contre son inertie étrange, dans une lutte épuisante. A la fin, il se réveillait baigné de sueur et n'entendait plus que le bruit familier du vent d'ouest entrant sous sa porte ou de la pluie d'hiver tombant sur son toit ; peu à peu, il se rappelait que c'était fini à jamais, ces scènes de la mer, et que lui-même était devenu un vieillard près de finir. — Et alors, c'était une autre angoisse plus sombre que celle du rêve.

.   .   .   .

.   .   .   .

Il avait bien de quoi vivre, avec sa pension, sa croix, son argent placé.

Toutes les menues choses de son existence étaient réglées jour par jour, avec précision, par cette habitude d'ordre que prennent à bord les vieux serviteurs.

Il préparait lui-même ses repas, faisait son lit et sa chambre, lavait son linge à certains jours de la semaine, dans sa petite cour de derrière.

Une vieille femme du Portzic, une certaine mère Le Gall, qui passait chaque matin, lui faisait son marché. Il n'en manquait pourtant pas, de ces retraités de la marine comme lui, que le métier avait laissés sans famille, — figures couturées de vieux aventuriers ou figures respectables de vieux braves, avec des rubans rouges ou jaunes à la boutonnière, — il n'en manquait pas qui, dans Recouvrance, s'en allaient carrément, le panier au bras, faire eux-mêmes leurs provisions de solitaires. Ça n'était pas déshonorant, bien sûr; mais cela lui répugnait, ce petit panier, et ces discussions, et ces marchandages.

Cependant, comme tous les marins, il avait l'habitude de ces ouvrages que les gens de terre laissent aux femmes; on le voyait chez lui, grand vieillard aux traits encore nobles, raccommoder ses vêtements, changer les boutons de ses effets du service pour en faire des *costumes civils*, et coudre assez prestement, avec ses rudes mains tatouées, qui jadis avaient fait des prodiges de force.

Les fleurs réussissaient bien dans son petit parterre, et c'était le seul dernier plaisir qui n'avait pas trompé son attente.

Les retours de navires, les tapages que les matelots font la nuit par les rues et leurs chants dans le lointain, toutes ces fêtes des jeunes, auxquelles pourtant il avait cessé depuis bien des années de se mêler, étaient maintenant des espèces de rappels douloureux qui l'agitaient sur son lit dans ses insomnies. Il lui arrivait de se lever et d'ouvrir sa fenêtre pour tendre l'oreille au vent de minuit, qui lui apportait, par-dessus

les ajoncs et les bruyères, la clameur de Recouvrance.

Au début, les printemps aussi le troublaient un
peu ; mais c'était une mélancolie encore plus
vague, c'était comme la souffrance de *ne pas se
souvenir...* Ces premières journées tièdes de mai
lui faisaient repenser à l'extrême Asie, le pays où
il avait le plus vécu, le plus donné de sa vie aux
femmes. Et, pendant ces nuits de rosée, où les
oiseaux chantaient, des créatures jaunes venaient
le visiter quelquefois ; à demi effacées, elles
marchaient devant lui dans leurs tuniques
collantes, en se balançant, comme là-bas chez
elles, avec une mignardise chinoise ; elles lui
envoyaient des sourires de chatte moqueuse, en
se retournant sous leur parasol plat à mille
plissures, semblable à une ombelle de champignon.
C'étaient des femmes qu'il avait connues quelque
part assurément, il s'en souvenait ; mais qu'est-ce
qu'elles pouvaient bien lui vouloir ? Elles disparaissaient et il ne s'inquiétait pas de les suivre.

Pourtant, un soir, il lui était arrivé de s'habiller
précipitamment sur les neuf heures, et de s'en
aller à Brest, une grosse canne à la main, en
marchant vite et la tête basse, comme qui s'en
va faire une inavouable visite. Et là, dans le bas
de la rue Saint-Yves, il en avait revu, des belles,
qui n'étaient pas jaunes, qui ne portaient pas des

parasols ni des jupes de crépon à chimères brodées, mais qui disaient des choses obscènes avec un enrouement immonde. Alors il s'en était revenu, épuisé et honteux, et, à partir de cette soirée, il avait gardé à jamais la pudeur et la dignité de sa vieillesse.

Les étés, il cultivait des plantes grimpantes qu'il faisait courir sur sa maisonnette basse et qui lui rappelaient les lianes; il arrangeait devant sa porte un petit berceau qui avait un air de véranda. Et c'était une de ses joies que ces deux ou trois jours par an où il faisait assez chaud pour prendre l'habit de nankin et l'éventail en feuille de palmier, — comme dans ces régions exotiques que jamais ses yeux ne devaient plus voir.

A la mi-juillet, il y avait chaque année un grand pardon, au delà du Portzic, au village de Sainte-Anne, et, ce jour-là, une foule gaie passait du matin au soir comme une procession à bâtons rompus, où les matelots dominaient. Il y songeait longtemps d'avance, à ce pardon, qui marquait pour lui comme l'apogée de l'été. Dès le matin. en toilette, tenant son éventail et ayant apporté le perroquet dehors, il était assis devant sa porte, afin de voir et d'être vu. En passant, on regardait toujours ce vieux, dans son petit jardin, avec ses boucles d'or aux oreilles. Il n'y avait encore rien en lui qui pût prêter à sourire; son aspect était raide et dur; ses yeux, qui autrefois changeaient tout cela parce qu'ils savaient être très doux, ne disaient plus rien à présent; les paupières retombaient dessus, comme sur des lampes éteintes et désormais inutiles; les lignes de ce visage restaient seules, encore correctes, mais rigides, exagérées par le temps, et il ressemblait à la momie tannée d'un pirate.

Ensuite le soir, quand cette journée de fête était finie, quand les derniers groupes étaient passés, lui resté seul et le silence revenu, il était pris d'une tristesse plus désespérée. Encore un été!... Et bientôt allait commencer l'hiver, avec les pluies, les nuits si longues et les douleurs. Encore un été évanoui, disparu avec tant d'autres, dans les abîmes qui n'ont pas de fond!

Il n'avait plus du tout envie de mourir maintenant, ah! non; il était trop vieux pour cela. Il se soignait encore davantage, se cramponnant à mains crispées au peu qui lui restait de vie.

Et pourtant, jamais ce temps qu'il voulait retenir n'avait glissé si vite. Il semblait que les durées n'existaient plus, les jours, les mois, les saisons s'enfuyaient, s'enfuyaient sans trêve, avec les rapidités et les silences effroyables des choses qui tombent dans le vide.

XI

Une année, il eut un avertissement qui lui fit très grand peur.

En rêve, une nuit, il passait dans une de ces mers profondes, où on ne s'attend à rien voir; la surface en était si tranquille qu'on eût dit une plaque de marbre gris, immense comme un désert. C'était au crépuscule, lui étant de veille à l'avant d'un navire. A ses pieds dormait une femme asiatique dont il savait le nom, — Nam-Theu, — et qu'il se rappelait avoir connue, autrefois et ailleurs. Ils glissaient mollement, sans inquiétude et sans bruit; — mais tout à coup, là, très près, avaient surgi de ces choses qu'on appelle *balise* ou *signal*, et qui marquent aux marins les dangers invisibles de dessous les eaux.

Dans la vie réelle, en plein jour, il avait eu, trente ans auparavant, une surprise semblable. Il conduisait alors une jonque dans une de ces rivières de l'Indo-Chine qui serpentent pendant des lieues et des lieues au milieu de plaines d'arbustes verts, au sol de boue, inhabitées et inhabitables, plus monotones et plus mortes qu'une mer sans navires. Partout la verdure empoisonnée des régions basses de l'équateur était jetée, comme une magnificence trompeuse, sur la désolation des grands marais. Lourdeur de l'air, lourdeur irrésistible de midi, il s'était laissé vaincre, et sommeillait presque, les yeux toujours ouverts à cette lumière effrayante et splendide. Près de lui dormait une Cambodgienne, — Nam-Theu, — qui à cette époque était sa femme. Tout à coup, à un tournant de l'étroite rivière, des balises étaient apparues ; elles étaient trois de compagnie ; trois triangles rouges montés au bout de hautes perches, se dressant comme pour dire : Méfiez-vous, il y a un danger sous l'eau calme.

Le banc de corail ! — C'était le lieu que, par une sélection mystérieuse, des peuplades de madrépores avaient voulu habiter et, depuis des siècles, ils y avaient accumulé leurs milliers de cellules de pierre. On l'avait averti de ce banc, unique dans tout ce parcours, mais il ne l'attendait pas si près et il avait eu peur.

Qu'ils étaient déjà loin, ces souvenirs, loin dans dans l'espace et dans le temps, perdus au fond du passé mort! Souvenirs de soleil et de vie, qu'est-ce qui avait bien pu les attiser, une nuit pluvieuse d'hiver, dans les cendres de cette vieille tête déjà creuse, pour en faire cette dernière vision, sénile et déformée?

Les balises qui avaient surgi tout à coup au milieu de cette mer grise de son rêve étaient très nombreuses, elles étaient accumulées comme pour quelque danger surnaturel et indicible. Elles affectaient toute sorte de formes étranges et inconnues; au bout de perches très longues, elles se déployaient comme des bras, faisaient des signes, s'agitaient, avec l'impuissance désespérée de choses muettes qui voudraient crier, et traçaient sur le ciel pâle des écritures magiques.

Et lui se réveilla, pris d'une terreur profonde, comme à l'approche des choses fatales qui ne peuvent pas être conjurées. Il allait donc être bien affreux, l'écueil qui s'était annoncé de cette manière. Il pensa que cela signifiait sa mort.

Cependant l'année s'écoula sans amener rien de particulier.

Il y eut seulement dans ses habitudes un changement nouveau. Il était devenu très gourmand, et se plaignait sans cesse que cette mère Le Gall, sa gouvernante, choisissait mal au marché, ne lui achetait pas d'assez bonnes choses; si bien qu'un jour il prit son petit panier lui-même, résolument, — et des lors on commença à le voir chaque matin dans Recouvrance, s'attardant lui aussi autour des marchandes à discuter comme une ménagère.

Propre et bien brossé dans son vieux caban de matelot, — ce vêtement d'un drap inusable que les retraités promènent jusqu'à leur mort, — il s'en allait encore d'un assez bon pas, ayant un certain air et de la tenue; mais il soufflait beaucoup pour revenir.

Un matin, ayant accepté de boire avec un autre ancien comme lui, il rentra ne marchant plus très droit; alors, pour la première fois de sa vie, il fut grondé honteusement par une femme, par cette mère Le Gall, qui, elle, ne mettait son bonnet de travers que le dimanche soir, et encore pas chaque semaine.

Il lui arrivait aussi maintenant, — et c'était un signe de la fin, — de se mêler à ces retraités, qui, par les temps doux, se rassemblaient près des fortifications, à la porte de Recouvrance. Tous les pauvres vieux cabans de marine étaient là, brossés, rebrossés, retournés, râpés, enveloppant des dos osseux, des carcasses mourantes.

Ils s'amusaient ensemble au palet, au bouchon, à des jeux comme à bord, ayant gardé de leur vie de matelot cette naïveté et cet enfantillage qui maintenant, chez ces vieillards, étaient lugubres.

Ou bien, assis en petits groupes pitoyables, ils se contaient leurs histoires :

— Quand j'étais sur la *Melpomène*...

— Et moi, à bord de la *Sémiramis*, un soir qu'on prenait le troisième ris; l'amiral m'avait dit : « Jézéquel, à toi!... »

Ils racontaient en même temps, chacun causant pour soi-même. Et ces navires dont ils parlaient n'existaient plus; et ces commandants, qui revenaient dans leurs récits comme des personnages de légende, s'ils n'étaient pas morts depuis long-temps, ils étaient devenus ces tristes fantômes qui, ayant achevé une carrière admirable d'intré-pidité, de dévouement et d'honneur, s'en allaient lentement par les rues, en vêtements noirs avec une rosette rouge à leur boutonnière; — ou bien, les jours où il y avait un peu de soleil, on les roulait dans des petites voitures.

Près de cette porte de Recouvrance, des sen-tiers partaient pour s'enfoncer dans des endroits inhabités de la banlieue, le long des grands remparts en granit pleins d'herbes et de lichens; des sentiers verts très favorables aux amoureux, très aimés des matelots pour y promener le soir les petites filles de ce faubourg. Et justement, tous ces vieux avaient choisi l'entrée de ces chemins pour s'y réunir, faisant de ce lieu comme le vestibule d'un cimetière. Attirés par l'habitude, ils l'encombraient toujours de leur foule lamentable, — les uns restés propres et dignes, bien boutonnés dans leur caban éternel; d'autres sordides, hébétés d'alcool, faisant mal à voir.

Et tous ils avaient été les lestes et les forts, — usés au service de la patrie, qui leur donnait de quoi ne pas tout à fait mourir. Et il y en avait eu parmi eux de si bons et de si braves que ces restes d'eux-mêmes étaient encore, malgré tout, des choses vénérables, presque sacrées.

Vieilles ruines des vaillants d'autrefois, les jeunes passaient près d'eux, cambrés, décolletés dans leur chemise bleue, tenant au bras leur amoureuse, ayant hâte de s'enfoncer, par ces chemins d'herbes, sous les ormeaux des remparts.

Devant ceux-ci, la vie et la mer étaient grandes ouvertes, les appelant par toute sorte de mirages. Ils avaient leur pleine jeunesse de matelot, plus vigoureuse que celle des autres hommes, et sans songer qu'elle s'userait aussi plus vite, sans regarder ces spectres, qui avaient été leurs pareils, ils passaient gaiement, comme des enfants ivres de santé et de force; il passaient le soir, à l'heure où ces vieux à la tête branlante regagnaient leurs logis, en s'aidant dans leur marche avec des bâtons.

XII

Un hiver, le tremblement des vieillards le prit tout à fait. Il faisait tomber ce qu'il touchait et cassait beaucoup d'objets dans son petit ménage.

La *maladie de la lune,* qu'il avait eue jadis sous l'équateur, l'avait repris aussi. Les docteurs de bord l'appellent héméralopie, et elle vient aux matelots qui dorment en plein vent, les yeux en l'air, dans les pays chauds. Aussitôt le soleil couché, il cessait d'y voir et n'osait plus se remuer qu'en tâtant, comme les aveugles.

Il s'éteignait, des voiles se tissaient autour de lui sur toute chose.

Il sentait toujours sa tête très lourde, bien qu'elle fût presque vide d'idées. Quelquefois, la nuit, une figure de Chinois venait encore grimacer près de son lit; alors il se mettait en colère et disait des injures en s'agitant beaucoup, — s'imaginant être là-bas à se battre contre eux.

Il ne regardait plus jamais le portrait de la petite communiante, qui tenait toujours son cierge, mais qui continuait de pâlir chaque hiver, — en même temps que les débris de la jeune fille morte, arrimés maintenant dans la fosse commune verdissaient au milieu des tas d'ossements.

Il dépensait beaucoup d'argent pour s'acheter du bon vin et des choses fortifiantes. Mais des plaies lui étaient venues aux jambes, et, comme il voulait rester propre, il lavait tout seul dans sa petite cour, chaque matin, les linges qui lui servaient à envelopper ce mal.

Son torse s'était déformé; il semblait beaucoup moins grand qu'autrefois, et ses os d'épaules sortaient.

Tout le jour, il avait son regard mort et ne pensait plus à rien qu'à se soigner et à manger : c'était le matin seulement que son intelligence redevenait affreusement claire, quand il se réveillait, seul toujours, après cette sorte de repos que lui avaient apporté les dernières heures de la nuit. Alors il restait immobile et sinistre avec des yeux fixes qui *comprenaient et qui se souvenaient*.

Pauvre débris, épave dont la mer n'avait pas voulu, vieillard solitaire dont personne ne regardait les larmes! Pourquoi n'était-il pas mort plus tôt, dans sa belle jeunesse?... Les animaux libres ne traînent pas ainsi, eux : jusqu'à la fin, ils conservent leur forme, leur raison d'être ; ils se reproduisent, ils ont leurs amours. C'est pour l'homme seul qu'est faite la longue vieillesse, dérision de la vie.

XIII

Un autre printemps encore le trouva plus tremblant, plus débile, assis dans son petit jardin.

Pourtant ses sommeils n'avaient plus les rêves
agités d'autrefois. C'étaient seulement des ressou-
venirs d'espace et de soleil; c'étaient des grands
vides bleus devant lui, ou bien des étendues changeantes, comme sont les lointains profonds des
eaux; et, au premier plan, se découpait toujours
quelque détail très rapproché, de gréement ou de
mâture, une vergue, une voile ou des haubans.
Au fond de son cerveau qui s'en allait, ces dernières
images lui étaient restées de sa jeunesse passée
dans les hunes, ou peut-être, par une transmis-
sion mystérieuse, lui revenaient-elles de plus loin
encore, de ses ancêtres, marins comme lui.

C'était bien fini pourtant ; jamais, jamais il ne la verrait plus, la splendeur bleue, la splendeur infinie des mers ; ni lui, ni aucun fils issu de son sang ; il était une souche épuisée dont rien ne devait survivre.

Il avait peur, à chaque tombée de la nuit, disant qu'il finirait par mourir seul ; mais la mère Le Gall, qui, pour de l'argent, restait maintenant chez lui tout le jour, refusait d'y coucher, prétendant que cela pourrait faire jaser.

Les plaies de ses jambes s'étaient beaucoup étendues, et il continuait de laver ses linges lui-même avec grand soin, voulant absolument rester propre ; mais il lui arrivait de se tromper, de tripoter dans les mêmes eaux plusieurs fois ; il ne savait plus trop, et faisait, par enfance, des choses très sales.

En mai, il essaya encore de jardiner, se tourmentant beaucoup de ses deux petites plates-bandes qui avaient pris un air abandonné et où poussaient maintenant de hautes herbes comme auprès des tombes. Mai s'annonçait très beau ; des hirondelles, qui avaient un nid sous son toit, chantaient dès le matin leur joie d'amour ; partout dans la campagne s'épaississaient des verdures nouvelles, s'ouvraient des fleurs... Gaîté pour les autres, pour tout ce qui était jeune ; pour lui, ironie atroce, plus sinistre qu'un ricanement de la mort.

Il allait et venait, se baissant péniblement pour
arracher ces méchantes herbes. Un vieux fuchsia,
qui était devenu un arbre sous le climat doux de
Bretagne, encombrait la petite allée de ses branches
retombantes; par le haut, il était presque mort,
mais en bas il avait refleuri à profusion comme
une jeune plante; et, quand le vieil homme passait,
toutes ces fleurs couleur de corail, qui frôlaient le
drap usé de son caban de matelot, y répandaient
en fraîche poussière le trop-plein de leur pollen
jaune. — Lui aussi, jadis, avait semé au hasard
la sève exubérante de sa vie, — mais les hommes
ne refleurissent pas dans leur vieillesse comme les
arbres, et leur fin est une décomposition horrible
à voir.

L'été passa encore, la chaleur le ranima un peu.
Il mit une dernière fois le paletot en nankin et
s'éventa avec la feuille de palmier. Mais, l'hiver,
il lui vint une enflure plus maligne qui semblait
pleine d'eau. Et il se soignait, se soignait, s'abêtis-
sant dans cette seule idée de se conserver. Qui
sait; à force de précautions, peut-être pourrait-il
atteindre l'autre printemps?...

Non. Une nuit de mars, la mort qui passait,
allant à Brest achever quelques poitrinaires,
s'arrêta pour le tordre. Elle lui mit la bouche de

travers, lui chavira les yeux, lui recoquilla les doigts et reprit sa course, le laissant raide sur son lit, figé dans la pose qu'il devait garder jusqu'au moment de tomber par morceaux dans la pourriture dernière.

XIV

Le lendemain matin, la mère Le Gall, en arrivant, le vit dans cet état :

« Ma Doué, ma Doué Jésus!... Mon vieux qui est crevé! »

Il fut *emporté par des matelots;* ç'avait été son vœu, comme celui de presque tous les vieux marins. A cause de sa croix, il y eut un piquet d'hommes en armes.

Ce fut propre et honorable.

Dans la suite, on vit longtemps, à la devanture d'une fripière, dans le bas quartier de Brest, le paletot en nankin, l'éventail de palmier et le portrait de la petite communiante dans son cadre de coquillages.

TABLE

COULOMMIERS
IMPRIMERIE
PAUL BRODARD
11222-11-28.

9948-11-28.